良辰美景
赏心乐事

世外桃源
雅致趣味

陈博士说园林系列丛书

挺有意思
的
中国古典
园林史

陈波 著

中国电力出版社
CHINA ELECTRIC POWER PRESS

内 容 提 要

园林是现实生活中的桃花源。它是一方宜人环境，是一种精神向往，也是一种生活态度。中国古典园林是中国五千年文化孕育而成的艺术珍品，它被全世界公认为"世界园林之母""世界艺术之奇观""人类文明的重要遗产"。

本书分为八讲，通过轻松诙谐的文字、生动形象的插图，对先秦、秦汉、魏晋南北朝、隋唐、宋代、元代、明代和清代的时代背景、园林简史和名园轶事进行了深入浅出的介绍。

图书在版编目（CIP）数据

挺有意思的中国古典园林史／陈波著 . —北京：中国电力出版社，2019.9（2023.7 重印）
ISBN 978-7-5198-3484-5

Ⅰ.①挺… Ⅱ.①陈… Ⅲ.①古典园林－建筑史－中国－普及读物 Ⅳ.① TU-098.42

中国版本图书馆 CIP 数据核字（2019）第 168949 号

出版发行：中国电力出版社
地　　址：北京市东城区北京站西街 19 号（邮政编码 100005）
网　　址：http://www.cepp.sgcc.com.cn
责任编辑：曹巍（010-63412609）
责任校对：黄蓓　李楠
装帧设计：锋尚设计
责任印制：杨晓东

印　　刷：北京瑞禾彩色印刷有限公司
版　　次：2019 年 9 月第一版
印　　次：2023 年 7 月北京第二次印刷
开　　本：710 毫米×1000 毫米　16 开本
印　　张：14.5
字　　数：192 千字
定　　价：78.00 元

序一

中国古典园林是中国传统文化中的一道亮丽风景线。它既是一个个具体的个体，又是一个丰富的整体。它由历史上无数散布在城市街巷、自然山水中的精巧空间构成，在不同时代、不同区域呈现出不同特质，发展出不同类型，又拥有延续相通的审美理念和建造方式，和中国社会的文化以及中国人的思想、生活密切相关；它既是具体的空间与场所，包含了亭台楼阁、山石路径和花木溪池，又是抽象的文化精神，表达了人生哲学、诗画意境和环境理想。中国古典园林伴随中国社会历史进程而起伏，既因文化、经济发展而繁盛，也因战乱、政治影响而衰弱。虽然今天中国各地只有少量的古代园林遗存，许多名动一时的名园已消失在历史的长河里，但古代文人留下了大量不同时期的园记、园诗、园图，它们构成了中国古典园林的记忆和资料库，让我们得以管窥古代园林的绚烂多姿，感受古代中国人的浪漫精致，并由此构建出中国古典园林的历史脉络、细节和情景。

自周商时期的"台"和"囿"算起，中国古典园林经过了三千多年的积淀，其形式和内涵随着历史的发展而逐步丰富和完善。它融汇了不同时期中国人的自然观、人生观和世界观，蕴含了儒、道、佛等哲学或宗教思想，吸收了诗词、绘画等艺术手法。同时，它还凝聚了中国古代知识分子和能工巧匠的勤劳与智慧。对于园主而言，园林既是可供居住、避暑、宴客的场所，又是游赏山水林泉、获得精神享受的地方。经过几千年的锻造、提炼，中国古典园林成为再现大自然山水形象的艺术精品，它源于自然，又高于自然。匠心独运的古代造园家们，在回归自然、模仿自然、进而再现自然的基础上，营建出丰富多彩的园林景观，实现了至高至美的理想境界，从而创造出中国古典园林独有的生境、画境和意境的统一。可以这样说，山水兼备和诗情画意的中国园林就是每个中国人心中理想的桃花源！

"以铜为镜，可以正衣冠；以史为镜，可以知兴替；以人为镜，可以明得失。"参照历史，可以总结事物的规律、拓展认知的深度，从而对今天的工作和生活有所裨益。中国古典园林的发展历程，是一部精彩绝伦的漫长画卷。其中有园林类型的形成、园林风格的演变、园林技术的突破、历史名园的盛衰、园林人物的活动……园林代表着宜人美好的环境，是一种精神向往，也是一种生活态度。在当今全球保护生态环境和注重文化遗产的新时代，中国古典园林必然成为雅致生活追求者的空间样板和精神启迪！通过阅读中国古典园林史，我们可以加强对古代园林体系及其关联背景的理解、加深对古代文化的理解，进而反思当代社会环境发展乃至自我生存的观念。

在中国园林历史与文化普及领域，陈波博士无疑是其中的佼佼者，他热衷于通过有趣的文字与公众交流，其《挺有意思的中国古典园林史》一书，摒弃了枯燥乏味的说教，抛掉了引经据典的考证，以通俗、诙谐的手法，既全面又有重点地介绍中国古典园林发展历史，表述引人入胜。多年来，系统研究中国园林史的专业著作很多，其中不乏汪菊渊教授《中国古代园林史》、周维权教授《中国古典园林史》、张家骥教授《中国造园史》等奠基和扛鼎之作，也有不少面向高校相关专业的教科书，但写得生动有趣又系统全面的园林历史普及读物却较为少见。陈波博士的这本新作可以说及时地填补了这个领域的空白。此书通过诸多名园、人物、轶事及相关绘图，把枯燥的历史知识变得生动、轻松和易懂，在美好生活的新时代，为追求雅致生活的人们提供了美学意义上的精神大餐！

作为一名园林历史研究者，我欣赏陈波博士的思考和写作方式，被他的责任心和使命感所感染，并为他精心撰写的著作得以付梓而感到高兴。我相信，广大读者朋友一定会和我一样，深深地被此书的内容所吸引，爱上中国园林并沉浸于中国园林！

是为序。

同济大学建筑与城市规划学院建成环境技术中心教授、博导

序二

人类社会的发展中，人与自然、人与环境的关系是"依赖——利用——破坏——保护到人工模仿"的一个认识和实践过程。从茹毛饮血、刀耕火种，到机械化、电子化、信息化的发展过程中不断创新和发展。中国古典园林艺术，作为探索人类和环境的一种实践，根植于中国传统文化，其独特而博大的空间设计艺术风格，使它成为中华民族文化遗产中的一颗璀璨明珠。它所呈现出的东方哲学思想、高超技术、精湛艺术、独特风格，在世界园林史上自成系统，独树一帜，是灿烂辉煌的中华文化的重要组成部分，是全人类宝贵的历史文化遗产。

通过历史看园林，透过园林看历史。

任何一门艺术，必然是当时自然人文背景和社会意识的反映。陈波博士的《挺有意思的中国古典园林史》将中国古典园林艺术融入宏伟的中国历史长河中进行研究和阐述，体现出这一历史唯物主义的思想。中国现代风景园林与人居大地规划设计学的主要创始人与奠基人孙筱祥先生在回答留学中国香港的美国留学生提问时说道："传统之优秀者继承之，传统之垂绝者拯救之，传统之糟粕者摒弃之，传统之不足者弥足之，传统之迷信者批评之。"园林作为古代特权阶级的一种奢侈品（中外皆如此），随着文明的发达和时代的进步，已成为人民生活的必需品和一种社会福利。中国古典园林源远流长，成果辉煌，它是体现中国人审美情趣的民族形式；它的"天人合一""君子比德""诗画入园"等文化内涵；它的"相地合宜""经营位置""小中见大""虚实相生""巧于因借""精在体宜""有法无式"等造园理论和手法，当今依然发挥着积极的借鉴作用。

尤其是在人类越来越生活在钢筋水泥密集的城市之中，日益疏远了大自然，人类对自然和历史人文的眷恋就越发凸显。物转星移、沧海巨变，中国古典园林成为中国古代灿烂文明的见证和文物的鉴赏。

陈波博士长期进行浙派园林的研究和推广工作，在书后对浙派园林进行了简单介绍。对此，我常常将中国园林的大体布局形式和中国国画的装裱形式进行关联。北方皇家园林如一幅宏大的中堂，苏州私家园林如一本精致的册页，杭州城市园林如一卷迤逦的长卷，根据城市定位功能不同，因地制宜，彰显着中国人的自然观、人生观、艺术观，它用中国人的装裱形式，将审美和情趣融入了生活，将意境融入了骨髓。遥望历史，杭州是园中的城，苏州是城中的园。我个人认为，浙派园林的代表是杭州风景园林，其精髓是将山、水、城、林融为一体的自然山水长卷式的，大尺度、集成性、包容性为一体的风景园林形式。其满足当代城市各种功能，贴近现代工业文明生活，以杭州西湖为代表的浙派风景园林形式将会发挥更大的意义。杭州西湖的今天早已不单单仅限在风景园林学科的意义上了，她更是一种古为今用、传承和发展、中西文化交流融合，文化上、哲学上的样板式的存在。这种多角度、多维度的可借鉴性的范例，影响之深远值得高度重视。

任何一种表达形式都有其局限性，更何况"图纸是设计师的语言"，尤其是要用有限的文字来表达时空和意境的内容。对于中国园林的阐述，因时间悠久、地域广阔、生活习俗、宗教思想、民族风格多样、政治战争、文化演变等因素，让人无从下手，就如盲人摸象。这些问题，需要多观点、多种形式结合，我想读者定能体会并理解。陈波博士撰写的《挺有意思的中国古典园林史》一书，其搜罗之宏富，广征之博引，立意之新颖，表达之诙谐，兼具了学术性、知识性、艺术性、实用性和趣味性，文情并茂，饶有特色。可谓一卷在手，其乐无穷，既有高度、广度，又有深度，是一本满足各类需求读者阅读的案头书籍。

阅之、赏之、品之、珍之！！！

"有美在斯"公众号创始人、AAAA景区花谷奇缘行政人事总监、自由撰稿人

2019年7月26日夜

于金陵赏真斋

自序

首先做个自我介绍。陈博士何许人也？

鄙人姓陈、名波，号浙韵居主人，浙江大学农业与生物技术学院园林方向首位博士，现为浙江理工大学建筑工程学院风景园林系副教授、浙江省浙派园林文旅研究中心主任，"园林生活家""陈博士说园林"等园林科普平台创始人，园林科普作家。

人如其名，在物理学上，"波"是指振动的传播。作为一名对园林有情怀、对生活有追求的大学老师，我始终致力于"普及园林知识，推广园林文化；让园林融入生活，让桃源成为现实"，努力成为一名传播正能量的"园林生活家"。

于是，为了心中的美好，不顾一切地向前跑，迎着冷眼和嘲笑……

作为大学老师，我给大一新生开设过《风景园林导论》课程，这门课的目的是"扫盲"，让刚刚进入风景园林专业的新生对学科和行业有总体性、概括性的认识，从而对学生未来的专业学习起到宏观指导作用。

在第一次上课的开始，我总会问同学们一个问题："请谈谈你们对风景园林的认识。"答案基本上千篇一律："栽花的""种树的""搞绿化的"……。这让我心里拔凉拔凉的。

对于园林知识，报考风景园林专业的学生都懵懵懂懂，大众的了解程度就更加不容乐观！

现实问题摆在面前：生活的节奏越来越快，整日穿梭在水泥森林中，让我们忽视了身边的许多美好——春天的鸟语清风、夏天的蝉鸣荷香、秋天的落叶缤纷、冬天的皑皑白雪……

热爱自然、向往自然，是人类的天性。当前，美丽中国、美好生活已成为人们物质相对丰富之后普遍追求的精神归宿。

园林，是现实生活中的桃花源。在园林中，人与自然能够和谐相处。

如果说，建筑给了我们遮风挡雨、御寒避暑的港湾；那么，园林则赋予我们生活的诗意与静谧。于是，我们都希望，守着一方向往的天地，寄情山水、摆弄花草、观鸟赏鱼，寻得内心的安宁，享受大自然的恩赐，让园林融入生活的点点滴滴。

但是，园林在古代是属于统治阶级和富贵阶级的私有财产，而在现代又由于自身发展的原因，急功近利的现象越来越多，流连于登堂入室，陶醉于自我欣赏，越来越"高大上"的专业研究成果让曾经的桃花源离人们的日常生活越来越远。

中国是一个有着五千年文明史的古国，中国园林也有三千年发展历史，并被举世公认为"世界园林之母"。灿烂悠久的园林历史文化让我们感到荣耀的同时，常常又感觉有些虚无缥缈。除了园林史教科书上干巴巴的园林名称和建造朝代，我们又知道多少？和我们今天奔波忙碌的生活又有什么关系？

其实，园林的内涵和外延很宽广，用专业的语言来定义："园林"是在一定的地域，运用工程技术和艺术手段，通过改造地形（或进一步筑山、叠石、理水）、种植树木花草、营造建筑和布置园路等途径，创作而成的美的自然环境和游憩境域。

可见，园林既是具体的休憩空间与场所，包含了亭台楼阁、山石路径和花木溪池，又是抽象的文化精神，表达了人生哲学、诗画意境和环境理想。这些物质文化和精神文化正与我们的生活息息相关。

在大力提倡传承发展中华优秀传统文化的今天，作为优秀传统文化代表之一的中国园林，必须打破"养在深闺人未识"的现状，通过广大从业者的不懈努力，拉近和大众之间的距离，并融入人们的日常生活之中，最终实现"让园林文化流行起来，让园林生活成为时尚"的目的。

因此，有了以"园林生活家""陈博士说园林"等为主题的微信公众号、视频号、喜马拉雅、哔哩哔哩、微博等新媒体矩阵，以及相关的系列公益活动、系列科普丛书……

作为"陈博士说园林系列丛书"的第一部，2019年出版的《挺有意思的中国古典园林史》是在出版社编辑老师的鼓励与帮助下开始创作的，第一次写科普读物，我难免有点诚惶诚恐，好在"手中有粮，心中不慌"，下笔很从容，并在较短时间内顺利完成。

客观地说，《挺有意思的中国古典园林史》是我国第一部关于园林历史普及方面的著作。该书深入浅出，寓教于乐，在系统梳理中国古典园林发展历程的基础上，介绍了一些重要的著名园林和园林趣事。该书出版后，业内专家与广大读者都对它评价挺高。

但是，在小成绩面前沾沾自喜、裹足不前，绝不是陈博士的做事风格。

因为我深深知道，中国古典园林几乎涵盖了中华文化的方方面面，是一部全景式的百科全书，博大精深，限于篇幅和体例，该书涉及的仅仅是冰山一角，而且很多内容都是点到即止，还不够全面、深入，因此，我心里总感觉对不起读者朋友们的厚爱，希望能尽快有所弥补。

于是，我下定决心、克服困难，致力于创作出更多更好的园林文化普及读物——园林历史类、园林艺术类、地方园林类、名著园林类等等，会陆续呈现在大家面前。

"诗意的人生，是坚持做自己喜欢的事情。"每天用文字的形式给大家说说园林那些事儿，是我的小确幸！说实话，我尽力了，希望广大读者朋友能体会到我的用心。你们的满意，是我最大的追求；你们的鼓励，是我最大的动力，谢谢！

2023年6月
于杭州浙韵居

前言

庭院深深深几许，杨柳堆烟，帘幕无重数。

玉勒雕鞍游冶处，楼高不见章台路。

雨横风狂三月暮，门掩黄昏，无计留春住。

泪眼问花花不语，乱红飞过秋千去。

——宋 · 欧阳修《蝶恋花 · 庭院深深深几许》

—

雨微微，烟霏霏，小庭半拆红蔷薇。

钿筝斜倚画屏曲，零落几行金雁飞。

萧关梦断无寻处，万叠春波起南浦。

凌乱杨花扑绣帘，晚窗时有流莺语。

——唐 · 张泌《春晚谣》

—

"庭院深深深几许，杨柳堆烟，帘幕无重数""雨微微，烟霏霏，小庭半拆红蔷薇"……寥寥数语，织就了华夏千年间，无数文人雅士魂牵梦绕的园林生活。

园林，是伴随着中国传统"礼乐"文化而衍生出来的极致精神生活需求，经过唐诗的精炼大气、宋词的柔美静雅……演绎出"良辰美景，赏心乐事"的园林生活万象，时至今日，园林依然是人们理想生活的最美愿景。

本书将为您介绍中华传统文化瑰宝之一 ——中国古典园林的发展历史。

提到中国古典园林，想必您一定会联想到圆明园、颐和园、承德避暑山庄、拙政园、郭庄等耳熟能详的园林景点，没错，这些园林都是中国古典园林的杰出代表。

翻开尘封的历史，我国古典园林的发展真可谓源远流长，早在奴隶社会时期的文献里，就已经记载了最原始的造园活动。

经过几千年的发展，古典园林建造取得了辉煌的成就，并在唐、宋达到了极高的艺术水平。清朝中叶以后，更是中国古典园林史上集大成的阶段，现存的古典园林基本上都是这个时期的作品。

因此可以说，中国古典园林是中国五千年文化孕育而成的艺术珍品，它被全世界公认为"世界园林之母""世界艺术之奇观""人类文明的重要遗产"。其造园手法受到西方国家广泛推崇和摹仿，在西方掀起了连绵不绝的"中国园林热"。

在本书里，有引经据典的历史脉络、正经八百的园林掌故，更有趣味盎然的奇闻逸事、生动形象的表格插图……

历史上的各个朝代有哪些政治、经济、思想、文化等方面的成就？这些成就是如何影响园林发展的？各朝代出现了哪些代表性的园林？每座名园分别有什么样的特色？园林中有哪些与园林有关的人物和事件？这是本书为您讲解的主要内容。

秦始皇派徐福海外求仙的结果怎样？汉武帝"金屋藏娇"究竟藏的是谁？梁武帝为什么要四次卖身出家？书圣王羲之的《兰亭集序》究竟是在唐太宗的墓里还是在武则天的墓里？女皇武则天怒贬牡丹所为何事？唐明皇与杨贵妃在华清池都做些什么？"青楼天子"宋徽宗为什么被叫作艺术性皇帝？乾隆皇帝下江南发生了哪些有趣的事？被叫作"万园之园"的圆明园到底是谁设计和建造的？这些问题，本书将一一为您解答。

此外，您还将了解到：由美女引发的魏蜀吴赤壁之战的传说、妻管严赵孟頫与妻子管道升你侬我侬的佳话、跋扈将军梁冀与妻子孙寿一起祸国殃民的故事、历代文人对石头如痴如癫的典故、活佛济公在灵隐寺与净慈寺的神话传说、佛系园林狮子林与建筑大师贝聿铭家族的不解之缘、戏剧《牡丹亭》里描写的书生小姐后花园私会的故事、余荫山房主人邬彬"一门三举人，父子同登科"的美谈等奇闻逸事。

本书将尽可能抛弃深奥的理论与枯燥的说教，让您酣畅淋漓、轻轻松松读懂中国古典园林史，收获知识，收获快乐。

"春有百花秋有月，夏有凉风冬有雪。若无闲事挂心头，便是人间好时节。"春花秋月，活色生香，这番景象只有在园林中才能体会得到。我衷心希望，通过阅读本书，您能深深地爱上园林，爱上园林生活，抛开凡尘俗事，忘却烦恼忧愁，全身心融入桃源之中，感悟诗和远方！

陈波

2019年6月18日

于杭州浙韵居

引子

每个中国人心中，都有一片桃花源。那里风景优美、平和恬静、安乐美好。

每个人精神上都需要一座"桃花源"，那种自由自在、其乐融融的理想世界。

园林就是现实生活中的桃花源。它是一方宜人环境，是一种精神向往，也是一种生活态度。

"一拳则太华千寻，一勺则江湖万里"。于方寸之间容纳天地万物，这就是中国园林的底气和精神。

其实，桃花源未曾离我们远去，它就在我们身边，就在我们心里。

心中怀着园林雅趣，眼前便处处可化作桃源。这是中国人独有的精神力量，早已超越了时间，也超越了梦想。

历史哲学家克罗齐曾说过：一切历史，都是当代史。

历史之于现实的意义，就如朱光潜先生所说：历史必须引起现实的思索，打动现实的兴趣，和现实的心灵生活打成一片。

这与阅读的终极目的不谋而合：获得趣味、引起思索、启发未来。

历史，就像一只看不见的手，操控着我们今天所有的生活。问题是关联历史和今天中间的纽带在哪里？需要我们逐一梳理，找出脉络。

之后你就会发现，哦，原来这些生活是这样演变的，它来自古典的文化。因为，它已经融入我们骨髓、血液里太久，你已经查不出原因和来龙去脉。

园林，是历朝历代中国人梦中的世外桃源。回溯中国园林的历史演变，就是一个将幻梦带入现实的过程。

目录

剧透

中国古典园林那点事儿

言归正传

总而言之

彩蛋

真山真水育佳境
——浙派园林简介

剧透

如果把中国古典园林比喻为一个人，那么我们认识一个陌生人，首先需要弄清楚他叫什么名字，性格怎样，履历如何，家里有几口人。

因此，在正式讲解中国古典园林史之前，有必要先向您介绍一些基本的知识，包括中国古典园林的含义、类型、分期和特征。相信这些常识会帮助您更好地理解中国园林历史上那些事儿。

查查古典园林的户口本

中国古典园林的『户口本』

常住人口登记卡

姓　　名	中国古典园林	户主或与户主关系	户主
曾 用 名	囿、苑、台、榭、圃、园、林泉、林亭、园池、亭台等		
出 生 地	中国	民　族	汉为主的多民族
籍　贯	中国	出生日期	公元前 11 世纪
常住地址	城内、风景优美的城郊	宗教信仰	儒、释、道
家庭成员	皇家园林、私家园林、寺观园林、公共园林等		
风格派系	北方园林、江南园林、岭南园林		
开发方式	人工山水园、天然山水园	职　业	营造桃花源
成长经历	生成期、转折期、全盛期、成熟期、成熟后期		
气质特征	本于自然而高于自然、建筑美与自然美的融合、诗画的情趣、意境的蕴含		

承办人签章：浙江省浙派园林文旅研究中心　　　　　登记日期：2019年01月01日

园林的含义，这是我们首先要回答的问题。

当然，"园林"这个名词也不是一开始就有的，历史上，"园林"的曾用名很多，包括最早的"囿""苑""台""榭""圃""园"，以及后来的"林泉""林亭""园池""亭台"等。

中国园林史上最早有记载的园林，是上古神话传说中最高的天神——黄帝的悬圃（又称"玄圃"），它与王母娘娘的"瑶池"一起，被当作神话或传说在古代广为流传。

随着社会的发展，园林开始逐渐产生、发展与变化，概括起来，中国早期的园林主要有囿、苑、台、榭、圃、园等几种形式。

| 囿 | 出现于公元前11世纪左右的商末周初，是帝王贵族专门集中圈养珍禽异兽的场所，供他们开展狩猎活动，也具有观赏游览功能。 |

| 苑 | 其实和囿是同一事物的不同称谓，最初都是以动植物的生产为目的，进而发展成以动植物为主要观赏游乐内容的休憩、狩猎场所，已初步具备园林的性质。 |

| 台和榭 | 是用土堆砌筑而成的方形高台。"榭"，是台上修建的房屋。事实上，台和榭常常被连用，用来统称建有房屋的台，或泛称各种建在高处的建筑。台榭除了用于观察天象、祭祀神仙、登高远眺、军事功能以外，还兼备赏景、娱乐的功能。 |

| 圃和园 | 最初都是指种植蔬菜、瓜果、草木的场所。古代房前屋后种植瓜果蔬菜，虽然出于生产目的，还不能称为真正的园林，但在客观上已有些接近园林的雏形。 |

此后随着历史的演变，园林的最初含义与形式也日益发展，进而出现了皇家园林、私家园林、寺观园林等多种形式。

追根究底，园林的类型虽然丰富多样、园林的布局虽然变幻无穷，但要素都包含在繁体字"園"字之中：最外面的"口"是围墙，代表建筑；"土"则表示地形的变化，代表山石；"口"居中表示水体；下部的字形则代表树木。这充分表明了园林营造所需的要素与内容。

"園"字的含义

建筑围墙 · 山石地形 · 井口水体 · 枝杈树木

由此可见，"园林"的定义可以概括为：园林是通过利用、改造自然山水、地貌，或者运用山、水、植物、建筑等园林要素进行人工构筑，从而形成的一个风景优美、环境清幽，便于游憩、居住或者工作，也兼作一些生产和宗教活动的宜人环境。

瞅瞅古典园林的家里人

中国古典园林分类

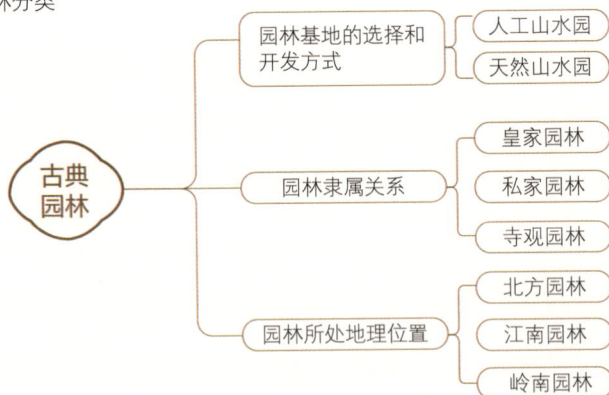

古典园林
- 园林基地的选择和开发方式
  - 人工山水园
  - 天然山水园
- 园林隶属关系
  - 皇家园林
  - 私家园林
  - 寺观园林
- 园林所处地理位置
  - 北方园林
  - 江南园林
  - 岭南园林

在几千年的历史长河中，中国古典园林发展出了丰富多彩的园林类型，从不同角度看，一般有以下三种分类方法。

（1）**按照园林基地的选择和开发方式的不同，可分为人工山水园和天然山水园两大类型。**

人工山水园 就是在平地上开凿水体、堆筑假山，人为地创造山水地貌，配以花木栽植和建筑营造，把天然的山水风景移缩、模拟在一个小范围内的园林里，比如住宅的后花园。这类园林在城镇里比较多，比如著名的苏州园林。

天然山水园 是以天然的山水风景为基础建造园林，将原始的地形地貌进行适当调整、改造、加工，然后再配置花木和建筑营造，就像我们常说的风景名胜区，一般建在城镇近郊的山野风景地带，例如北京颐和园、杭州西湖等。

（2）**按照园林隶属关系，可分为皇家园林、私家园林和寺观园林等类型。**

皇家园林 是指属于皇帝个人和皇家私有的苑、宫苑、苑囿、御园等。皇家园林尽管是模拟山水风景，追求自然，但要利用建筑形象和总体布局以彰显皇家的气派和皇权的至尊。

皇家园林又细分为**大内御园**、**行宫御园**和**离宫御园**。

大内御园 一般建在皇城和宫城之内，相当于皇宫的附属花园，如故宫的御花园、慈宁宫花园等。

行宫御园 离宫御园 建在都城的近郊、远郊或更远的风景地带，它们分别相当于皇帝的国宾馆和休养院。

私家园林 是相对于皇家园林而言的，属于民间的官僚、文人、地主、富商们所有，也叫作园、园亭、园墅、池馆、山池、山庄、别业、草堂等。

私家园林也可以再细分为宅园和别墅园。

宅园 占绝大多数，位置在住宅后面，作为园主人日常游憩、赏乐、会友、读书的场所，规模不大。

别墅园 地处郊外山林风景地带的私家园林，供短期居住或休养之用。

私家园林数量众多，如苏州的拙政园、留园，扬州的个园、何园，岭南的梁园、清晖园、粤晖园等。

寺观园林 是佛寺与道观的附属园林。受到宗教因素的影响，这类园林主要追求的是赏心悦目、恬适宁静，很讲究内部庭院的绿化，多以栽培名贵花木而闻名于世。

寺观大多修建在风景优美的名山之上，寺观周围古木参天、绿树成荫，再配以小桥流水或少许亭榭的点缀，形成了寺观外围的园林绿化环境。

正因为寺观园林及其内外环境雅致、幽静，历来的文人雅士都慕名而来，借住其中，读书养性，坐而论道。

除了以上三大类型外，还有一些非主流的园林类型，如衙署园林、祠堂园林、书院园林、公共园林等，数量也比较多。

（3）按照园林所处地理位置的不同，可分为北方园林、江南园林和岭南园林三类。

（北方园林）又称黄河类型园林，大多是历史古都所在地，园林范围大，建筑富丽堂皇，但缺少常绿树木，风格粗犷，但秀丽婉约不足。

（江南园林）又称长江类型园林，园林范围小，建筑精美雅致，多常绿植物，风格明媚秀丽，曲折幽深，大多集中于江浙一带，以苏州、杭州的园林为代表。

（岭南园林）又称珠江类型园林，因地处亚热带，气温较高而雨水较多，其特点是颇具热带风光，为适应气候，建筑物都较高，而且宽敞。

翻翻古典园林的履历表

根据清华大学周维权教授的划分，中国古典园林发展可分为五个阶段：生成期、转折期、全盛期、成熟期、成熟后期。

中国古典园林发展分期示意图

成熟后期
成熟期
全盛期
转折期
生成期
隋唐
魏晋南北朝
商周秦汉
两宋至清初
清中叶至清末

生成期

（公元前 16 世纪—公元 220 年）

这一时期是园林产生和成长的幼年期，相当于商、周、秦、汉。

商朝和周朝是奴隶制国家，天子只是国家的象征，实际权力都在奴隶主贵族手中，他们通过天子分封土地的方式，获得世袭不变的统治地位。

贵族的宫苑是中国古典园林的最初形式，也是皇家园林的前身。

到了秦朝和汉朝，变为封建制国家，皇权至高无上，统治一切，以孔子为代表的儒家思想逐渐获得正统地位。

以地主小农经济为基础的封建大帝国形成，相应地，此时的皇家园林规模宏大、气魄宏伟，成为这个时期造园活动的主流。

转折期

（公元 220—589 年）

相当于魏、晋、南北朝时期。

小农经济受到贵族庄园经济的冲击，北方落后的少数民族南下入侵中原，国家处于分裂状态。儒家的正统地位受到其他学派的挑战。

贵族和富商阶层削弱了官僚机构的统治，民间的私家园林异军突起。

社会动荡不安，人人朝不保夕，使得佛教和道教盛行，寺观园林也开始兴盛起来。

贵族、士大夫阶层追求自然山水之美，从而确立了山水园林的美学思想，实现了古典园林从生成期到全盛期的转折，奠定了中国风景式园林大发展的基础。

全盛期

（589—960 年）

相当于隋、唐时期。

这一时期国家重新统一，贵族势力和庄园经济受到抑制，中央集权的官僚机构更加健全、完善，形成了以儒家为正统，儒家、道家、佛家共同发展的局面。

唐朝的建立开创了历史上一个意气风发、勇于开拓、充满活力的全盛时期。在这个时期，我们能够看到中国传统文化曾经有过的非常开放的气度和旺盛的生命力。

园林的发展也相应地进入盛年期。作为一个园林体系，它所具有的风格特征已经基本上形成了。

成熟期

（960—1736 年）

相当于两宋到清初期。

继隋唐盛世之后，中国封建社会发育定型，农村的地主小农经济稳步成长，城市的商业经济空前繁荣，市民文化的兴起为传统的封建文化注入了新鲜血液。

封建文化的发展虽已失去了汉、唐的开放气度，但却转化为在日益缩小的精致境界中，实现着从总体到细节的自我完善。

相应地，园林的发展也由全盛期，而升华为富于创造进取精神的完全成熟的境地。

成熟后期

（1736—1911 年）

相当于清中叶到清末期。

清代的乾隆朝是中国封建社会的最后一个繁盛时代，表面的繁盛掩盖着四伏的危机。

道光、咸丰两朝以后，随着西方帝国主义势力入侵，封建社会由盛转衰，逐渐趋于解体，封建文化也越来越呈现衰颓的迹象。

园林的发展，一方面继承前一时期的成熟传统而更加精致，表现了中国古典园林的辉煌成就；另一方面也暴露出某些衰退的倾向，已多少丧失了前一时期的积极、创新精神。

品品古典园林是啥气质

总的来说，中国古典园林经过长期发展，形成了如下特征。

（1）本于自然、高于自然。

中国古典园林最大的特点就是自然。自然风景中的山、水和植被，都成为古典园林的构景要素。

但中国古典园林绝非单纯地利用，或者简单地模仿这些构景要素的原始状态，而是有意识地加以改造、调整、加工、剪裁，从而表现出一个更加精练、概括、典型的自然。

明代造园家计成在《园冶》开篇提出"虽由人作，宛自天开"的最高追求，意思是，"园林虽是人工创造的艺术，但它呈现的景色必须真实，就好像是自然生成的一样"。

这就是中国古典园林的一个最主要的特点：本于自然而又高于自然。

（2）建筑美与自然美的融合。

在中国古典园林中，建筑是造园的主体，其他景观都是围绕建筑来布局的。

建筑无论多少，也无论性质、功能如何，都力求与山、水、花木这三个造园要素有机地组织在一系列风景画面之中。突出彼此协调、互相补充的积极的一面，限制彼此对立、互相排斥的消极的一面。

（3）诗画的情趣。

诗歌是时间的艺术，绘画是空间的艺术。园林的景物既需要"静看"，也需要"动看"，也就是边走边看，因此，园林应该是时空综合的艺术。

中国古典园林的创作，能充分地把握这一特性，将诗画艺术融于园林艺术，使得园林从总体到局部都包含着浓郁的诗画情趣，这就是通常所说的"诗情画意"。

（4）意境的蕴含。

意境是中国园林艺术创作和欣赏的一个重要美学范畴，就是说把主观的感情、理念融于客观生活、景物之中，从而引发欣赏者类似的感情激动和理念联想，也就是我们常说的"触景生情"。

游人获得园林意境的信息，不仅通过视觉感官的感受，或者借助于文字、古人的文学创作、神话传说、历史典故等信号的感受，而且还可以通过听觉、嗅觉的感受。

言归正传

中国古典园林艺术是中国灿烂传统文化的组成部分。它是中国古代劳动人民智慧和创造力的结晶，也是中国古代哲学思想、宗教信仰、文化艺术等的综合反映。

在每一个历史阶段，园林都受到政治、经济、思想、文化、艺术等方方面面的影响，具有各不相同的时代烙印和风格特色。

接下来，我们将按照历史发展的脉络来介绍各个时期的主要园林，一共分为八讲。

在每一讲里，首先简要介绍该时期古典园林产生的时代背景；然后梳理古典园林发展简史及每个时期的代表性园林；最后一部分的名园赏析与奇闻逸事是我们重点为您奉上的丰盛大餐。

请尽情享用吧！

第一讲

贵族的游猎园：
先秦园林

诸子，请开始你的表演

先秦（旧石器时期—公元前221年）泛指中国古代秦朝以前的历史时代，始于远古人类产生时期，从传说中的三皇五帝到战国时期这一阶段，直至公元前221年秦始皇统一六国为止。

本书是指狭义的先秦，包含了我国从进入文明时代直到秦朝建立这段时间，主要指夏、商、西周、春秋、战国这几个时期。

夏、商、西周是奴隶社会，生产力十分低下，这一时期的原始宗教信仰包括自然崇拜、祖先崇拜和图腾崇拜。

相应地，出现了"台""囿""圃"等园林的雏形，具有神秘的宗教祭祀功能和原始的生产功能。

台高高筑起，与天更为接近，满足统治者通天通神灵的需求；囿和圃用于圈养猎物和种植果蔬，满足最原始的食物来源。

东周后期，社会逐渐发展为封建社会，生产力大大提高，园林的观赏、游览功能逐渐上升。

天子、诸侯、士大夫等大小贵族奴隶主所拥有的"贵族园林"相当于皇家园林的前身，但还不是真正意义上的皇家园林。

春秋战国时期，学术思想活跃，百家争鸣。比较典型的是老子的道家思想和孔子的儒家思想。

老子是道家思想的创始人，主张清净无为、顺其自然。

孔子是儒家学派的创始人，提倡礼制和社会等级秩序，强调道德修养的重要性。

在文化领域，战国时期的屈原是中国历史上第一位伟大的爱国诗人，中国浪漫主义文学的奠基人，"楚辞"的创立者和代表作家。

以屈原作品为主体的《楚辞》是中国浪漫主义文学的源头之一，对后来的诗歌产生了深远影响。

楚辞的"比兴"手法与儒家的"比德"有着较为密切的联系。

这一时期出现的道家"天人合一"、儒家"君子比德"等哲学思想为中国古典园林以后向自然风景式方向发展奠定了思想基础。

先秦园林思维导图

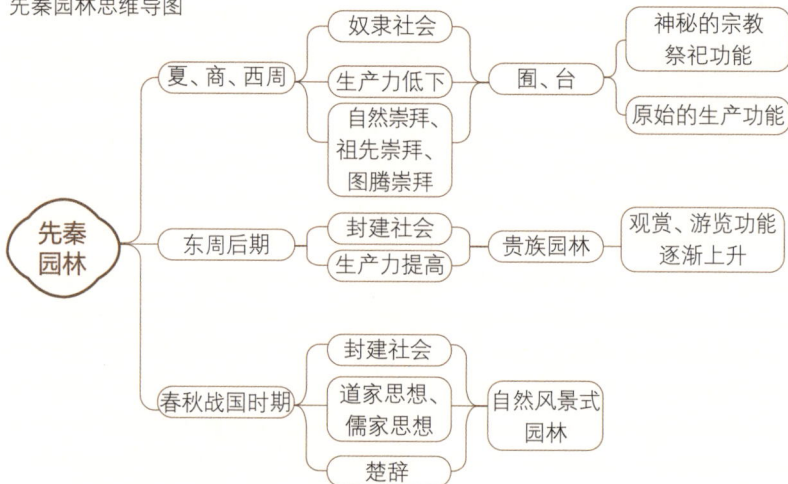

先秦园林
- 夏、商、西周
  - 奴隶社会
  - 生产力低下 — 囿、台 — 神秘的宗教祭祀功能 / 原始的生产功能
  - 自然崇拜、祖先崇拜、图腾崇拜
- 东周后期
  - 封建社会
  - 生产力提高 — 贵族园林 — 观赏、游览功能逐渐上升
- 春秋战国时期
  - 封建社会
  - 道家思想、儒家思想 — 自然风景式园林
  - 楚辞

战国·御龙帛画

元·卫九鼎《洛神图》

中国园林的诞生期

姑苏台上乌栖时，
吴王宫里醉西施。

——唐·李白《乌栖曲》

文献中记载的最早园林，是商末周初时期殷纣王修建的"**沙丘苑台**"和周朝奠基者周文王修建的"**灵囿**""**灵沼**""**灵台**"。

沙丘苑台　商朝末代君王殷纣王非常喜爱游乐。据史料记载，公元前11世纪殷纣王在安阳以北修建了沙丘苑台，用于游赏玩乐。沙丘苑台规模宏大，内部圈养野兽，同时具有狩猎、游乐、祭祀神灵的功能。

灵囿 灵沼 灵台　周文王以丰京为国都，营造城池宫殿，在城外营建了灵囿、灵沼、灵台。灵囿面积方圆35公里，里面森林密布、植物枝繁叶茂，并且圈养了珍禽异兽，作为文王狩猎游乐的场所。灵囿里兴建了灵台，具有观赏风景的作用。灵台旁边还挖出了较大的池沼，称为"灵沼"，沼内养鱼，生态环境十分优美。

春秋战国时期，周朝天子的权威地位被削弱，诸侯国经济与政治势力逐渐强大起来，各国君王开始营造大量的宫殿和苑囿。宫殿一般建在都城里，苑囿则设置在郊野风景优美的地方。

这一时期贵族园林的代表是楚灵王的"**章华台**"和吴王夫差的"**姑苏台**"。

章华台　又叫章华宫，是楚灵王修建的离宫，建筑宏大壮观，被誉为当时的"天下第一台"。据史书记载，章华台高达10丈，中途得休息三次才能到达顶点，故又称"三休台"。又因为楚灵王特别喜欢细腰女子在宫内轻歌曼舞，不少宫女为了献媚，忍饥挨饿，以求细腰，因此也称为"细腰宫"。

姑苏台 吴国君主夫差在太湖边的姑苏山上营造了姑苏台，用于安置美女西施与大量的妃嫔。姑苏台旁有春宵宫、馆娃宫、海灵馆，山上凿了天池，池中有青龙舟，用于泛舟游玩。宫苑建筑用珍珠和玉石进行装饰，十分富丽堂皇。

先秦主要园林一览表

类型	朝代	名称	地点	建造者
囿、台	商朝	沙丘苑台	安阳	殷纣王
	西周	灵囿、灵沼、灵台	丰京	周文王
宫、苑	东周	苑囿	洛阳	周天子
		申池	临淄	齐国君主
		北园	平阳	秦襄公
		苑囿	灵寿	中山国君主
		籍圃	濮阳	卫侯
		金台陂	下都	燕国君主
		章华台	荆江	楚灵王
		姑苏台	姑苏	吴王夫差
		琅琊台	琅琊山	越王勾践

名园轶事

西周都城
——中国历史上第一座京城

丰京和镐京在一起统称为"丰镐"，是西周王朝的国都，是历史上最早被称为"京"的城市，也是中国最早的城市之一，作为西周首都沿用了近三百年。

丰镐遗址位于西安市长安区马王镇、斗门镇一带的沣河两岸，丰在河西，镐在河东。考古专家通过精确定位，基本确定了丰镐两京的遗址面积总计近17平方公里，可见是一个巨型都城遗址。

丰镐是中国历史上第一座规模宏大、布局整齐的城市，开创了中国城市平面布局方整、宽敞、宏伟的先河，成为后来城市总体布局的典范。

关于丰镐的平面布局，虽然考古还没证实，但在《考工记》中记载却十分具体，是对中国城市平面布局的最早、最完整的记载，有非常重大的历史意义。

《考工记》出自《周礼》，是中国春秋战国时期记述官方经营的手工业中各工种规范和制造工艺的文献。书中保留了先秦大量的手工业生产技术、工艺美术资料，记载了一系列的生产管理和营建制度，一定程度上反映了当时的思想观念。

据《考工记》记载：

"匠人营建的都城，九里见方，都城的四边每边三座城门。都城中有九条南北向大道、九条东西向大道，每条大道可容九辆车并行（约16米）。王宫左边是祭祀的祖庙，右边是社稷坛；王宫的南面是朝廷，北面是市场。市场和朝廷的面积各百步见方（即东西、南北各长140米左右）。"❶

除上述街道、祖庙、社稷坛、王宫、市场外，其余的地区应该就是居民区。对居民区如何称呼，怎样划分，《周礼》中并没有说明。按照方形城市的惯例和考古遗址来看，应该是方形的小区，可能叫作"里"，因为"闾里"是中国居住区的最早名称。

❶ 原文为："匠人营国，方九里，旁三门；国中九经九纬，经涂九轨；左祖右社，面朝后市，市朝一夫。"

《三礼图》中的周王城示意图

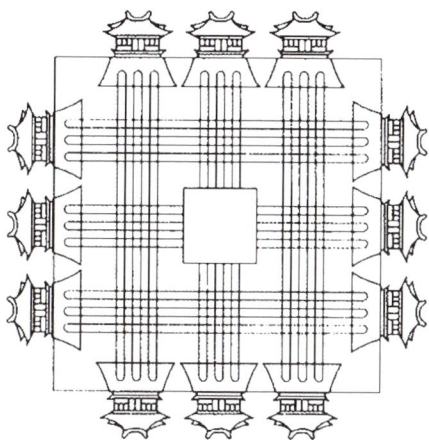

《考工记》中的周王城示意图

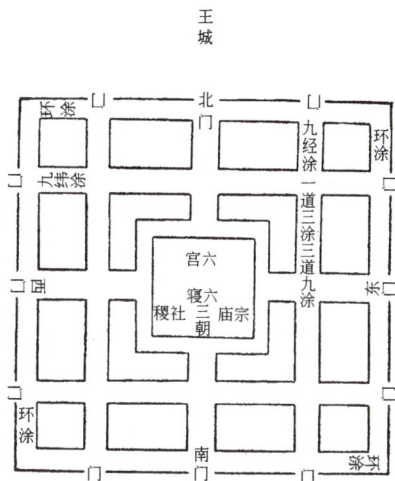

文王灵囿
——中国最古老的公园

　　著名建筑学家梁思成先生的《中国建筑史》中说："文王于营国筑室之余，且与民共台池鸟兽之乐，作灵囿，内有灵台、灵沼，为中国史传中最古之公园。"

　　周文王，名姬昌（前1152年—前1056年），周朝奠基者，是中国历史上的一代明君。他在位期间，勤政爱民，赏罚分明，礼贤下士，广罗人才，拜姜子牙为军师，制定军国大计，屡战屡胜，使得西周与商朝鼎足而立，为武王伐纣灭商奠定了基础；他演绎出《周易》，创立了周礼，得到后世儒家的尊崇，孔子称他为"三代之英"。

　　商朝末期周文王在京城附近因地制宜，兴建了具有山岳、水体和动植物等不同景观的园囿，达到了囿、台、沼的完美结合，形成一条不同风格的游览观赏线。

　　在等级森严的奴隶社会里，由于职位不同，囿也相应地分为大小不同的等级，"天子百里，诸侯四十里"。而"文王之囿七十里"，既不超标，也不等同，而偏偏低于规定，这种在享受方面宁低不高的选择，恰好体现了周文王爱护百姓、推行王道的德政思想。

　　文王的囿为什么叫作"灵囿"呢？后人有两种解释：

　　第一，从字面意思来看，"灵"字，古代的意思是"神仙或关于神仙的"。君王被称作"天子"，用"灵"字，正表明了周文王受命于天的意思。

　　古代人对天地鬼神具有敬畏之心，用一个"灵"字，可以让奴役广大民众，耗费巨大物力修建灵囿、灵台及灵沼的活动，成为遵从上天旨意的行为，从而变得合理化。

　　第二，"灵"是表示周文王仁德宽厚，深受国人拥戴。正如《诗经·大雅·文王有声》里，就歌颂了周文王善于治理朝政，使得国富民强，万民称颂，四海传扬。

　　历史上任何一个大型园林工程，无不是用劳动人民的血汗浇铸而成的，百姓只能处于被迫无奈的奴役状态。而文王修筑灵台却呈现出另外一番景象。《诗经·大雅·灵台》里说到，修建灵台本来并不着急，百姓自觉自愿来帮忙，因为是老百姓出于自愿，热情高、干劲大，灵台很快就建成了。

为什么老百姓乐于服役去修筑灵台呢？据说这是因为文王亲民爱民，恩泽不光惠及活着的人，就连死者的尸骨他都加以尊重❶，所以百姓能够全心全意、全力以赴为他做事，毫无怨言。

由此可见，灵囿是承天命、尊神意，由百姓自觉自愿修建的一座林木茂密、水源丰富、杂草丛生、禽兽众多的王家动物园兼植物园。

《诗经·大雅·灵台》里描写到，周文王在灵囿里面心情十分舒畅，因为他看到体肥毛亮的母鹿安静地卧在草地上，雪白的天鹅在空中飞翔，灵沼中满池的鱼儿欢快地跳跃❷。文王在这里狩猎、游乐，欣赏大自然的景物，尽情享受鸟兽鱼虫带来的愉悦。

据记载，当时灵囿里已经有了不同等级的管理人员和饲养人员，并且有了园艺工匠❸；对园艺的管理也有了一定的制度。

这说明灵囿是就像今天的动物饲养场、动物园和狩猎场的混合体，兼有为君王贵族提供肉食、观赏游览和打猎娱乐三种功能。

同时，史书中还记载了灵囿里准许百姓砍柴、打猎，是君主与百姓共同享用的❹。作为奴隶社会的最高奴隶主，能够兴建苑囿与民同乐，的确难能可贵。

因此，可以说，周文王建的"灵囿"是中国最古老的公园。

周文王灵囿想象图

❶ 西汉著名学者刘向编撰的《新序》中提到：周文王修筑灵台与池沼，有人在挖地的时候挖出了死人的骸骨，官员就把这件事上报给文王。文王安排说："另外找个地方安葬他吧。"那个官员就说："这只是一副没有主人的骸骨。"文王说："拥有天下的人，是所有天下人的主人；拥有一个国家的人，是这个国家的主人。寡人本来就是他的主人，你又去哪里找他的主人呢？"于是命令官员将骸骨披上衣服、装进棺材，在其他地方进行安葬。老百姓听说了这件事情，都说："文王真是贤明啊！恩泽已经惠及枯骨，又何况是活着的人呢？"

❷ 原文为："王在灵囿，麀鹿攸伏。麀鹿濯濯，白鸟翯翯。王在灵沼，於牣鱼跃。"

❸ 原文为："中士四人，下士八人；府二人，胥八人，徒八十人。"

❹ 原文为："刍荛（chú ráo，指割草打柴）者往焉，雉兔（zhì tù，指猎取野鸡和兔子）者往焉，与民同之。"

上巳节
——中国最早的情人节

上巳（sì）节，俗称三月三，是中国民间传统节日。这一节日在文献记述中可以追溯到春秋末期，是古代举行祭祀活动的重要节日。

每年春天上巳日，古人会聚集到水边沐浴，洗除尘垢，消除不祥，迎春祈福。后来又增加了祭祀宴饮、曲水流觞等内容。

时至今日，三月三在中国西南部的一些少数民族地区，如壮族、侗族、布依族、瑶族、黎族、畲族、土族等地区，仍然是一个隆重而盛大的节日。

从云南大理每年三月初三举行的泼水节活动中，依稀还可看到古代上巳节洗浴习俗的影子。

三月三又叫"女儿节"，古代少女一般在这个日子举行成人礼。少女们在这一天里，穿上漂亮的衣服，在水边唱歌跳舞、嬉笑游玩、采摘兰草，以求驱除邪气。

三月三还是中国最早的情人节，记载于《诗经》中，比西方情人节早了一千多年。这一天的主要活动之一就是男女相会，相互表达爱慕之情。

《诗经》里面对此有细致的描写：

溱（zhēn）河洧（wěi）河，波澜壮阔，帅哥美女，手中捧兰。
美女说："去看看吗？"帅哥说："已去过，再去看看也无妨。"

洧河两岸真宽阔，帅哥美女好欢乐。

美女帅哥，相互玩笑，临别互赠，美丽芍药。❶

先秦以后，三月三情人节在各代流传下来。到唐朝，诗人杜甫那句"三月三日天气新，长安水边多丽人"，更将其摇曳绮丽的风情描写得淋漓尽致。

自宋朝以后，理学盛行起来，礼教逐渐森严，三月三情人节风俗在中国文化中渐渐没落。三月三里浪漫的情爱、美好的愿景，以及曲水流觞的雅趣，至今已渺无踪影。

上巳节曲水流觞想象图

❶ 原文为："溱与洧，方涣涣兮。士与女，方秉蕑兮。女曰观乎？士曰既且，且往观乎？洧之外，洵訏且乐。维士与女，伊其相谑，赠之以勺药。"

君子比德
——梅、兰、竹、菊四君子养成记

先秦时期，道家"天人合一"思想、儒家"君子比德"思想成为影响中国古典园林向自然风景式方向发展的两个重要思想因素。

（1）"天人合一"思想。

"天人合一"的思想最早是道家代表人物庄子提出的，并由此构建了中华传统文化的主体。

"天人合一"就是指人与大自然要合一，要和平共处，不要讲征服与被征服。

道家认为"道"是万物的本源，道家学派创始人老子在《道德经》中说："人法地，地法天，天法道，道法自然。"人、地、天的一切运动规律都受到自然规律的约束，不以人的意志为转移。

因此，尊重自然、顺应自然是道家思想文化的精髓所在，也就是"道"的根本性质所在。

中国古典园林之所以崇尚自然、追求自然，实际上并不在于对自然外在形式上的模仿，而在自然之中融入个体的意识却又不留痕迹，这种意识的体现更多的是与自然亲和、平等，并融为一体。

道法自然，融于自然，顺应自然，表现自然——代表着中国古典园林对"天人合一"思想的体现，是它独立于世界园林之林的最大特色，也是永具艺术生命力的根本原因。

明·项圣谟《四君子图》

（2）"君子比德"思想。

儒家思想博大精深，儒家创始人孔子以"仁"为出发点和归宿，提倡以德为本的治国理念，加强个人的道德修养，主张"知者乐水，仁者乐山"这种"比德"的山水观，要求不论对人还是对事都要恪守仁爱的美德。

"比德"又叫"君子比德"，是将文人士大夫（君子）的某种道德情操与自然事物的某些特征相联系起来的审美观。

"比德"思想赋予园林山水、鱼虫、草木以完善的人格，体现了士大夫对自身人格完善的不断追求，对中国古典园林风格的形成意义深远。

在它的影响下，人们对于自然景致的审美，就不再仅仅局限于自然本身的价值，而是更多地取决于它所比附的道德情操的价值，这奠定了中国古典园林所独有的"意境"内涵。

例如，古诗文中把梅、兰、竹、菊尊称为"花中四君子"就是一种典型的比德方式。

梅花，迎寒而开，美丽绝俗，而且具有傲霜斗雪的特征，是坚韧不拔的人格的象征。

兰花，一则花朵色淡香清，二则多生于幽僻之处，故常被看作是谦谦君子的象征。

竹子，即使在寒冷的冬天也绿意盎然，且自成美景，它刚直、谦逊，不亢不卑，潇洒处世，常被看作高雅人士的象征。

菊花，它不仅清丽淡雅、芳香袭人，还在百花凋谢之后怒放，不与群芳争艳，故历来被用来象征恬淡自处、傲然不屈的高尚品格。

此外，我们常说的"岁寒三友"——松、竹、梅；"三益之友"——梅、竹、石；"五清"——松、竹、梅、月、水；"五瑞"——松、竹、萱、兰、石，等等，这些案例都是"比德"思想的具体体现。

帝王的神仙居：
秦汉园林

秦始皇C位出道❶

秦汉时期（前221年—220年）是秦汉两朝大一统时期的合称。

公元前221年秦灭六国，首次完成了真正意义上的中国统一，秦王嬴政改号称皇帝，建立起中国历史上第一个中央集权制的大帝国，确立了皇权的至尊地位，相应地出现了皇家园林（宫苑）这个类型。

秦汉的宫苑规模宏大，包罗万象，苑中有宫，宫苑结合。宫苑的构成包括离宫台观、礼制建筑、池沼、狩猎场、农田、园圃、作坊、墓葬等，是综合性的生产、生活、游憩区域，在皇家生活中起到多方面作用。

哲学思想方面，秦朝至西汉初年，朝廷颁布法令控制儒家学术思想与传播，儒家相关活动几乎停滞。

汉初，统治者主张"无为而治"，提倡以"清净无为"为核心理念的黄老学说。汉惠帝时期，诸子百家学说开始复苏。

汉武帝时期，为巩固封建中央集权统治，采取了"罢黜百家，独尊儒术"的做法，以儒家学说取代黄老学说，确立了儒家学说在社会思想中的正统地位。

战国中晚期，"神仙说"在齐、燕两国已经相当流行，并形成了蓬莱与昆仑两大神仙传说系统。秦汉时期，由于皇帝忠实信仰神仙传说和方士的修仙法术，从而使得"神仙思想"在这一时期达到高潮。

可见，秦汉时期中央集权的封建政治体制、儒家思想体系的确立，再加上道家"神仙思想"的影响，为气势恢宏的

❶ C位出道：网络用语，形容某个艺人在团体中的实力很强，作为团队灵魂中心人物被大家了解关注。

皇家园林发展奠定了基础，并出现了象征仙境的"一池三山"的造园模式，模拟自然堆山理水也逐渐成为园林营造的一种发展趋势。

这一时期私家园林发展程度较低，皇家园林是造园的主体，代表当时园林营造的最高水平。

秦汉园林思维导图

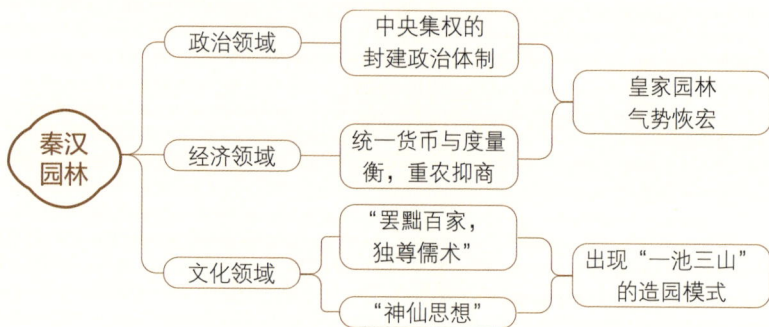

皇家园林的成型期

龙盘虎踞树层层，
势入浮云亦是崩。

——唐·许浑《途经秦始皇墓》

皇家园林

秦始皇消灭六国后，建立了封建集权的统一国家。为体现皇帝的地位与威严、满足个人欲望，秦始皇大兴土木，在首都咸阳、渭河南北营造了规模宏大的皇家园林。

这一时期，开始出现真正意义上的"皇家园林"——上林苑，园林功能开始走向观赏化。

上林苑 秦朝建立后，秦始皇扩建了咸阳宫，并在渭河南岸大规模扩建了上林苑，上林苑内建有著名的"阿房宫"等宫苑，是狩猎、游乐的场所。由于秦朝统治者横征暴敛、荒淫无度，都城咸阳被项羽率领的军队攻破，阿房宫等宫苑被彻底焚毁。

清·袁江《阿房宫图屏》

秦始皇统一六国之后的第二年，就下令修筑以咸阳为中心、通往全国各地的"驰道"，成为中国历史上最早的"国道"。

驰道 据史书记载，在平坦的地方，驰道宽度为五十步（约69米），路中央宽三丈（约7米），是专供皇帝出巡车辆通行的道路，两旁种植青松，作为中央道路的标识。这是我国最早在路旁种植行道树的记载。在通往全国的驰道之上，都要种植青松，可见当时种植工程已非常发达，也可见当时道路景观的壮丽优美。

西汉初期，因长期战乱国力贫乏、民不聊生，朝廷实施休养生息政策，原有的秦朝苑囿大多废弃，土地让给百姓耕种。

到了汉武帝时期，经济有了很大发展，西汉国力空前强盛，政治稳定，儒家、道家思想盛行并成为治国的根本，皇帝本身也喜欢大兴土木、营建宫苑，皇家园林的营造出现了高潮。

西汉时期的代表性园林是汉高帝刘邦建的"长乐宫""未央宫"和汉武帝刘彻建的"建章宫""上林苑"。

明·仇英《汉宫春晓图》

长乐宫　汉高帝五年（前202年），修葺、扩建了秦代所建的兴乐宫，更名为"长乐宫"，是西汉王朝最早的皇宫。中心宫殿区位于西北部，朝会正殿称为前殿，坐北朝南、规模宏大，南侧是东西向主干道，殿西是长秋、永寿等宫殿，殿北是临华殿，作为主要的议事场所和皇帝起居之处，殿东北是池沼区，殿东是藏冰室。池沼有酒池和鱼池之分，池中可划船，池北筑台，是歌舞与宴乐的场所。

未央宫　汉高帝七年（前200年），命令萧何在长安西南部、长乐宫以西营造未央宫。宫内有殿宇几十座，池沼十三处，筑山六座，建筑巍峨、池苑华丽，成为皇帝主要的居住与朝政议事区。

建章宫　太初元年（前104年），未央宫内柏梁台突发火灾，汉武帝听信术士的话，在未央宫以西、长安门外营造了建章宫，规模宏大。宫殿西北部挖掘了大型池沼——太液池，池中堆砌岛屿，形成"一池三山"的东海仙山格局，并引来太液池水灌溉影娥池和唐中池，将其作为戏水、赏月、游舟的池沼。

西汉三大宫苑分布示意图

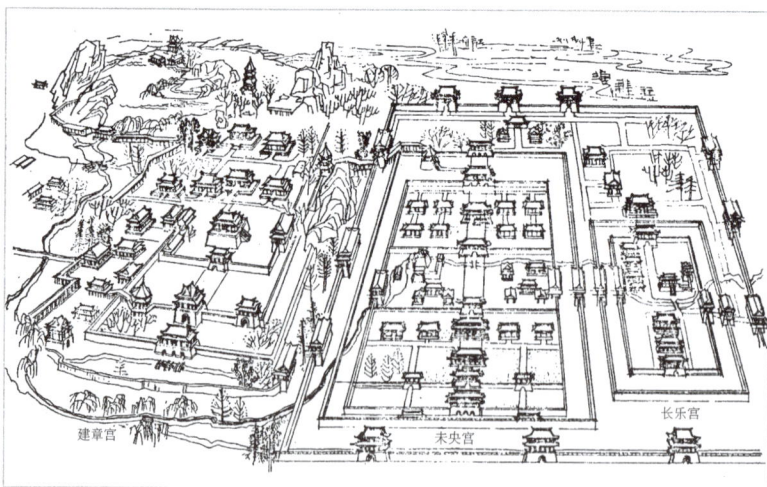

上林苑　汉武帝扩建了秦朝的上林苑，增建了很多宫殿，圈养珍禽异兽，引种奇花异草，并设置专门的管理人员，使它成为西汉最大的离宫御苑。

元·李容瑾《汉苑图》

东汉初期，统治者大多反对浮华、奢侈的风气，造园活动始终处于低潮。因此，东汉皇家园林规模小而精致，重视景观效果，主要功能是游览观赏。

东汉以洛阳为都城，城内建了"**濯龙园**""**西园**"等宫苑，城外有"**平乐苑**""**广成苑**"等皇家园林。

濯龙园 汉明帝时期，在东汉都城洛阳广阳门外西南建了濯龙园，园内有池沼、丝织作坊，是皇后养蚕娱乐的场所。

西园 城西承明门御道北侧建了西园，内有精致的水景和万金堂、裸游馆。

平乐苑 广成苑 建在洛阳城西，是皇帝狩猎和农业生产的基地。

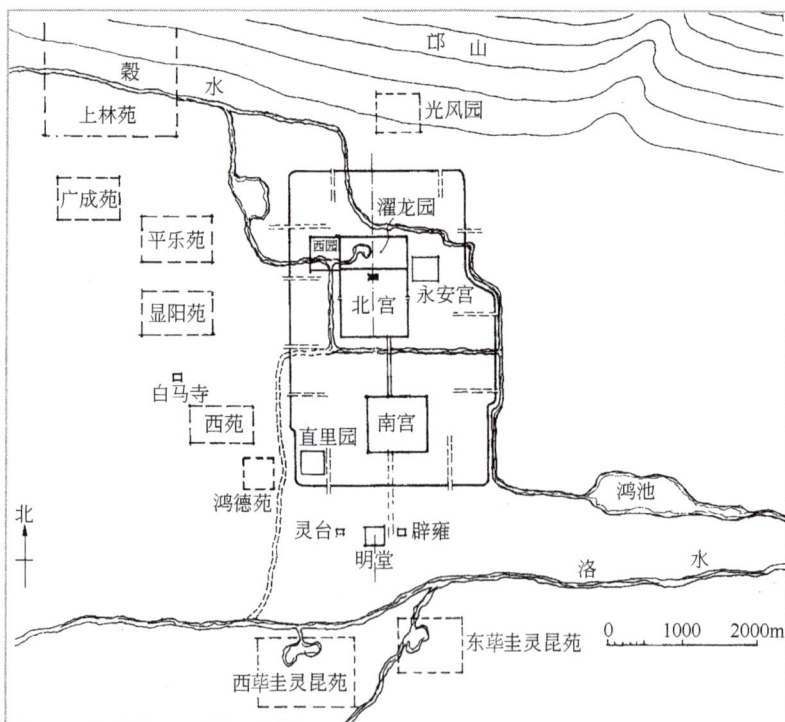

东汉洛阳城主要宫苑分布示意图

私家园林

西汉初年，朝廷崇尚节俭，私人造园的并不多见。

武帝以后，皇亲国戚、贵族官僚阶层掌握大量社会财富，往往占有大片的土地，营造华丽的宅邸；或者占据风景秀美的地段，营造用于休闲、游憩、娱乐的别墅园。

这一时期代表性的私家园林是西汉"梁园""袁广汉园"，东汉梁冀的"园囿""菟园"。

梁园　汉景帝的弟弟梁孝王刘武在他的封地梁国睢阳大兴土木，营建了梁园，也叫兔园，园内凿池筑山，规模宏大、植被葱郁、殿宇华丽，是诸侯国中代表性的园林。

袁广汉园　西汉富商袁广汉在邙山下营造的别墅园，引水入园，筑石为山，积沙成洲，植被葱郁，殿阁林立，在园中圈养珍禽，后来该园并入上林苑中。

园囿菟园　外戚梁冀官拜大将军，主持朝政，权倾朝野，占用了广袤的山林田野，营造了大量的宅邸与别墅园林，如园囿和菟园。园中筑山理水，广植奇花异木，放养珍禽走兽，殿宇林立，台阁相通，奢华无比。

清·袁江《梁园飞雪图》

秦汉主要园林一览表

类型	朝代	名称	地点	建造者
皇家园林	秦朝	上林苑	渭水以南	秦始皇
	秦朝	宜春苑	曲江	秦始皇
	秦朝	梁山宫	渭水以北	秦始皇
	秦朝	骊山宫	骊山北麓	秦始皇
	秦朝	兰池宫	咸阳	秦始皇
	秦朝	林光宫	云阳	秦二世
	西汉	长乐宫	长安	汉高帝
	西汉	未央宫	长安	汉高帝
	西汉	甘泉苑	甘泉山	汉武帝
	西汉	建章宫	长安	汉武帝
	西汉	上林苑	长安	汉武帝
	东汉	濯龙园	洛阳	汉明帝
	东汉	西园	洛阳	汉灵帝
	东汉	平乐苑	洛阳	汉明帝
	东汉	广成苑	洛阳	光武帝
私家园林	西汉	梁园（兔园）	睢阳	梁孝王
	西汉	王根园	长安	曲阳侯
	西汉	王商园	长安	成都侯
	西汉	袁广汉园	北邙山	袁广汉
	东汉	甲第、西第、园圃、菟园	洛阳	梁冀

名园
轶事

上林苑
——中国历史上最大的皇家园林

上林苑是中国历史上最负盛名的苑囿之一，位于汉朝都城长安郊外（今西安附近）。

汉武帝刘彻于建元三年（前138年）在秦代苑址基础上扩建而成，宫室众多，规模宏伟，周长300里，具备游憩、居住、宗教、生产、军训、休闲、狩猎等多种功能。

以现今的计量单位来计算，上林苑的规模，东起蓝田焦岱镇，西到周至东南19公里的五柞宫遗址，横跨长安、鄠邑、咸阳、蓝田、周至，直线长约100公里；南起五柞宫，北到兴平境内的黄山宫，直线长约25

公里；总面积约2500平方公里，减去40平方公里的汉长安城面积之后，上林苑的实际面积约为2460平方公里。因此，可以说是历史上最大的皇家园林。

园林建筑方面，上林苑中有36个苑、12座宫和35座观。这些宫观一般都不是单体建筑，而是由许多屋宇组成的宏伟壮丽的建筑群，本身就是很美丽的景点，而且从这些宫观的名称，也大致可以了解它的特定赏景功能，有的是为了观赏山水，有的是为了观赏珍禽异兽、奇花异草。

例如，36个苑中有供游憩的宜春苑，供嫔妃居住的御宿苑，为太子招宾客的思贤苑、博望苑等。宫观建筑中，有演奏音乐和唱曲的宣曲宫；观看赛狗、赛马和观赏鱼鸟的犬台宫、走狗观、走马观、鱼鸟观；饲养和观赏大象、白鹿的观象观、白鹿观；引种西域葡萄的葡萄宫，种植南方奇花异木，如菖蒲、山姜、桂、龙眼、荔枝、槟榔、橄榄、柑橘之类的扶荔宫；观看摔跤表演的平乐观；养蚕的茧观；还有建章宫、承光宫、储元宫、阳禄观、阳德观、鼎郊观、三爵观等。

上林苑的自然环境优越，不仅天然植被丰富，初建时群臣还从四方进献名果异树2000多种。此外，还饲养了几十种奇珍异兽。

上林苑内有渭、泾、沣、涝、潏、滈、浐、灞八条天然河流，称为"关中八水"。苑中还有许多池沼，史书中记载的有昆明池、镐池、祀池、麋池、牛首池、蒯池、积草池、东陂池、当路池、太液池、郎池等。其中，昆明池周长20公里，四周宫观环绕，又造了十多丈高的楼船，上面插满旗帜，十分壮观。据说，修昆明池是用来训练水军的。

总的来说，上林苑是一个包罗多种多样功能内容的大型园林，在圈定的广大地域里，既有河流、池沼、植被、野生动物等自然景观，又有人工筑造的众多宫殿建筑群散布其间。

西汉文学家司马相如在《上林赋》中热情赞颂了上林苑中优美的自然景色和豪华精美的宫室建筑：

明·仇英《子虚上林图》

"从地貌上说，苑内地势平坦，河湖港汉交错纵横，更有群山矗立，巍峨壮观，形成了自然山水之胜。

对植被，他描写了既有高耸入云、胸径巨大的树木和森林，也有枝条飘逸、落英缤纷的珍奇花木，以及广大原野上蔓生的奇花异草。

对动物，他描写了既有各种水禽成群相聚在河湖川泽，又有各种野兽繁衍滋生在浓密的大森林中。"

后来由于国力衰弱，上林苑中部分用地被划归平民所有，加上历经拆毁和战火，最终成为一片废墟。

自秦朝至西汉，上林苑在中国历史上大约存在了240多年。

"一池三山"
——历代帝王求仙得道之梦

"一池三山"是中国常见的一种园林营造模式，源于中国道家的神仙思想，并于以后各朝的皇家园林以及一些私家园林中得以继承和发展。

"一池三山"是指神话传说中东海里的蓬莱、方丈、瀛洲三座仙山，并有仙人居住，仙人有长生不老之药，人吃了可以长生不老。

据《史记》记载，秦始皇妄想长生不老，曾多次派人寻仙境、求仙药。其中特别有名的是**"徐福东渡"**的故事。

话说秦始皇统一了六国，君临天下，自然而然就想向天再借五百年，想仙福永享、寿与天齐。

有一次，在秦始皇到泰山封禅结束后，东巡路过龙口——当时还叫作黄县，在地方官的安排下，方士徐福以地方名流的身份晋见了皇上，并随团继续巡视。

到了琅琊（今临沂）的时候，徐福正式上书说：东海中有蓬莱、方丈、瀛洲三座仙山，山上有神仙，神仙有仙药，吃了就可以长生不老。他愿意赴汤蹈火，为皇上求取仙药。秦始皇龙颜大悦，给了他很多金银财宝，命他入海求仙。

但没多久，徐福就回来了，说他见到了神仙，但是神仙嫌见面礼不够，需要漂亮的童男童女和各种钱财物品作为献礼，才能得到仙药。秦始皇就派了500名童男童女，携带大量财物，跟随徐福再次出海。

第二年，秦始皇再次东巡，顺便来找徐福，虽然路上遇到了刺客张良用大铁锤袭击，但躲过一劫的他仍按原计划到达琅琊，可惜没见到徐福。

他再见到徐福的时候已经是十年之后，在他第三次东巡途中。徐福依然没有找到仙药。他的解释是这样的：本来就要拿到仙药了，但是海上有大鱼护卫仙山，令他功败垂成。

这次，秦始皇亲自率领弓箭手到海上与大鱼搏斗，杀了条大鱼之后，兴冲冲地回去了，想这下子可好了，徐福终于可以拿到仙药了。

但是，秦始皇还是没有等到仙药，在返回咸阳的路上，就病死了，他的手下为了篡位，密不发丧，全国人民都不知道。

没有借口的徐福一时也骑虎难下，于是在公元前210年，他带着浩浩荡荡的求仙团队漂洋过海，寻找虚无缥缈的三神山和灵丹妙药。从此，再未回到中原。

由于寻仙之事迟迟没有结果，秦始皇只得借助园林来满足他的奢望。他在修建"兰池宫"时为追求仙境，就在园林中开挖了一池湖水，湖中建造三岛象征传说中的三神山，居住在这里就好像神仙一般。受此启发，汉高帝刘邦在兴建未央宫时，也曾在宫中开凿沧池，池中筑岛。汉武帝刘彻兴建的建章宫更是"一池三山"的典范。

建章宫建于汉武帝太初元年（前104年），规模宏大，有"千门万户"之美称。武帝一度在这里接见朝臣、处理政务。

建章宫的布局，从正门、圆阙、玉堂、建章前殿和天梁宫形成一条中轴线，其他宫室分布在左右两侧。

中轴线上有好几道门，正门叫阊阖，也叫璧门，高二十五丈，是城关式建筑。后面是玉堂，建在台上。屋顶上建了一只铜凤，高五尺，用黄金装饰，下面安装了枢纽，可以随风转动。

在璧门北面，是圆阙门，高二十五丈，左边有一座建筑叫作别凤阙，右边的建筑叫作井干楼。从圆阙门往里二百步就是建章宫的前殿，建在高台上面，气魄十分雄伟。

宫城里面还分布了众多不同组合的殿堂建筑。璧门西面是神明堂，建在五十丈高的台上，是祭祀神仙的场所。神明堂前面有一个铜铸的仙人，张开双手捧着铜盘，承接雨露。

建章宫北面开挖了一个太液池，是一个相当宽阔的人工湖。池中堆筑了蓬莱、方丈、瀛洲三座小岛，象征东海上神仙居住的三座神山。

这种"一池三山"的布局对后世园林有深远影响，并成为园林山水创作的一种典型模式。

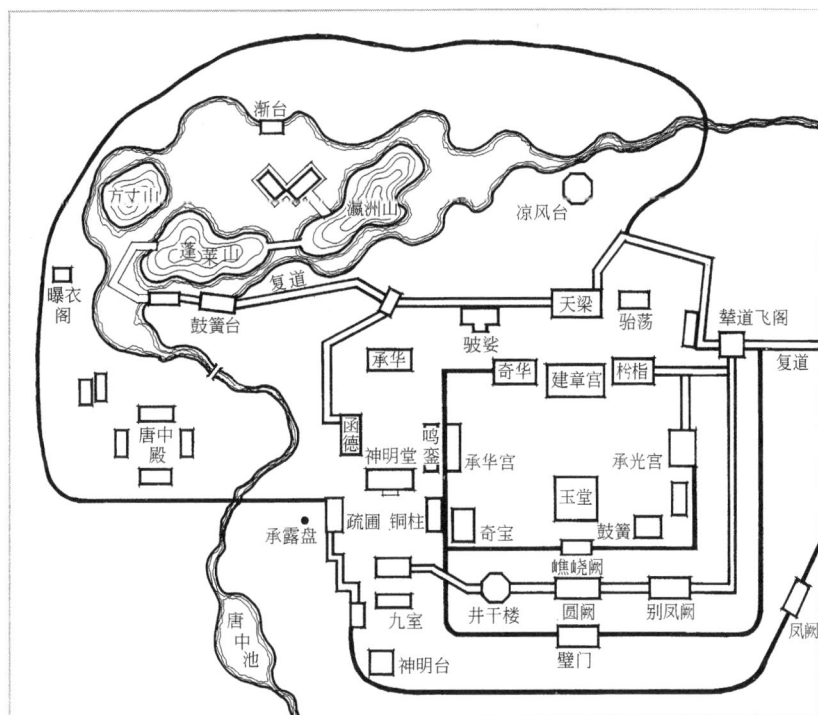

建章宫平面示意图

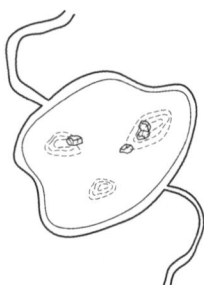

"一池三山"模式

杭州西湖

北京颐和园昆明湖

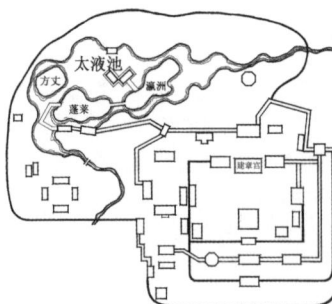

汉代建章宫太液池

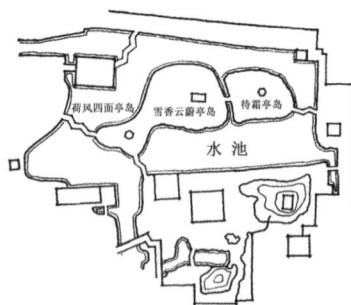

苏州拙政园水池

"金屋藏娇"
——汉武帝与皇后陈阿娇的故事

说到汉武帝的建章宫，还有一个"金屋藏娇"的典故。

汉武帝刘彻是汉景帝刘启的第十个儿子，他的母亲叫王娡（zhì），是汉景帝的妃子。他的身份，既不是嫡生，也非长子，在有"储君立嫡立长"传统的大汉朝，他又是如何成为太子、登上皇帝宝座的呢？

这要从"金屋藏娇"的故事说起。

汉景帝刘启唯一的同母姐姐，就是长公主刘嫖（piāo），她嫁给了堂邑侯陈午，生了个女儿，小名叫"阿娇"，就是刘彻的表姐。

汉景帝一共有十四个儿子，其中宠妃栗姬生的儿子最多，而且生育了皇长子刘荣。景帝把没有子嗣的薄皇后废黜后，最初立长子刘荣为太子。

长公主刘嫖很疼女儿，总想把世界上最好的东西都给她。但是她们家又似乎什么都不缺了，阿娇是要风得风要雨得雨。做女人做到最顶峰的，应该就是皇后吧，一人之下万人之上，于是，刘嫖便替女儿瞄上了后位。

她打算将女儿阿娇许配给太子刘荣，这样一来，若日后太子登基，她的阿娇便可顺利成为皇后。

于是刘嫖差人问栗姬的意思，谁知栗姬觉得儿子是太子，丝毫没把长公主刘嫖放在眼里，加上刘嫖经常介绍美女给皇上，分了她的宠，所以拒绝了刘嫖的好意。

刘嫖非常震怒，她也不是省油的灯，心想要是栗姬的儿子当不成太子，看她还怎么拽！于是便起了废太子之心。

这个时候，后宫的妃子王娡出现在刘嫖眼前。王娡知进退、懂分寸，比嚣张跋扈的栗姬好多了。刘嫖看到王娡的儿子刘彻（当时只是胶东王），也是一个可爱又懂事的孩子。

一天，长公主刘嫖抱着刘彻，逗他玩，问："彻儿长大了要娶老婆吗？"刘彻说："要啊。"刘嫖于是指着左右宫女一百多人，问刘彻想要哪个，刘彻说这些他都不要。

最后刘嫖指着自己的女儿陈阿娇问："那阿娇好不好呢?"刘彻于是咧嘴笑着回答说："好啊!如果能娶阿娇做妻子,我会造一个金屋子给她住。"

后来,聪明的王娡,在长公主刘嫖的支持下,最终击败了愚蠢的栗姬。

汉景帝前元七年(前150年),太子刘荣被废,改封临江王,他成为中国封建时代第一位被废掉的皇太子。当年,王娡被封为皇后,之后她的儿子胶东王刘彻被立为皇太子。

刘彻身为太子后,长公主刘嫖将女儿陈阿娇嫁给了他,顺利成为太子妃。

十年之后,汉景帝去世,刘彻登基称帝。汉武帝坐上皇位之后履行了自己的诺言,他真的为阿娇备下了一坐金碧辉煌的宫殿——建章宫,并册封她为皇后。

于是,"金屋藏娇"的故事就传播开来了。

"跋扈将军"
——梁冀和妻子祸国殃民的故事

历史上很难听到夫妻俩同时掌权,为祸一方的,而在东汉,就出现了这样一对祸国殃民的夫妻——大将军梁冀和他的妻子孙寿。

下面给您详细讲讲梁冀和妻子孙寿与园林有关的故事。

梁冀是东汉人,官拜大将军。在朝廷里行贿横行了二十几年,人称"跋扈将军"。

梁冀妹夫汉桓帝刘志登基后,梁冀的权力和财富急剧增长。为了感谢梁冀的拥立之功,他于元嘉九年(151年),下诏将梁冀的封地增加了四个县,受封的户数达到三万多。这些封户封地,不仅大大超过了以往对功臣名将的封赏,而且也超过了当时刘姓各诸侯王的封地。同时,桓帝还赐给梁冀大量的金钱、奴婢、彩帛、车马和服装,等等。

可是贪得无厌的梁冀对此并不领情，更不满足，他暗地里唆使他手下的党羽上书桓帝，大肆吹捧自己辅佐之功，请求对他的妻子孙寿大加封赏，享受公主的待遇。桓帝自然有求必应，于是诏封梁妻孙寿为襄城君，兼收阳翟县的租税。这样一来，梁家每年的收入大大高于一个皇子的年收入。

孙寿是一个漂亮而阴毒的女人，与梁冀狼狈为奸，胡作非为。梁冀听信孙寿的谋划，抑制梁氏宗族中的某些人，表示"谦让"，同时大力提拔孙寿的宗族亲友，其中被任命为侍中、卿、校尉、郡守、长吏的人就有十多个。这些人贪婪残暴，经常派人捏造罪名，将属县的富人逮捕入狱，严刑拷掠，示意他们家出钱赎人。出钱少了，不是杀死就是流放。

那时候，全国各地征调到京师的货物，贡献给朝廷的奇珍异宝，都是先送到梁冀的大将军府任他挑选，然后再送缴国库。官吏、士民带着钱财珍宝求梁冀授予官职或减免罪过的，往来道路之上，络绎不绝。梁冀还派人到外国搜求奇物异宝，甚至派人拦路抢劫百姓和官府财物，虏掠妇女，打伤吏卒。

梁冀与孙寿在京城洛阳最繁华的大街上，相对各自建起了富丽堂皇的府第，互相比赛谁最会享乐。

高大的房舍建有宽阔的寝室，各房互相通连，墙壁和柱子，雕镂着精巧的花纹，外面涂上铜漆，光可照人；大小不等、形式各异的窗棂上，也雕着云气仙灵。众多的楼台殿阁，有回廊相通，又可以互相眺望。凌空飞架的小桥，连接着一个又一个的建筑群，桥下是潺潺的清流。

各种奇珍异宝、外国贡品，堆满了储藏室，西域的汗血马也不时在马厩中发出嘶鸣。同时，府中兴建了很多园圃，堆起了象征东西两座崤山的两座假山，其中布置了大片森林和险峻的溪涧，仿佛是自然生成的一般，各种鸣禽走兽游走其中，怡然自得。

梁冀和孙寿经常共乘一辆华丽无比的车辇在园内游览。车前车后，一群打扮得花枝招展的歌女，有的吹奏，有的唱歌，有的翩翩起舞，时常夜以继日，通宵达旦地游乐。

尽管如此淫乐富贵，梁冀仍不满足，他还要兴建更大的园林，享受与皇帝同等的待遇。于是他凭借外戚的势力大圈土地，东自荥阳（今河南荥阳西），西至弘农（今河南灵宝），南起鲁阳（今河南鲁山），北达河淇（今河南淇县）的方圆千里的区域，全成了梁家的苑林，苑内小桥流水，林木葱茏，鸟语花香，曲径通幽，如同仙境一般。

梁冀喜欢小白兔，于是在河南城（今洛阳）以西建立菟园，连绵数十里，征调属县的苦役，在里面修建了各种建筑物，好几年才初具规模。他下令各地交纳白兔，在兔身上刻上标记后放入园中。如果有人捕捉或杀死一只兔子，就算犯罪，轻者判刑，重者处死。有一个西域胡商，在途经园中时误杀了一只兔子，牵连被杀的就有十多人。

梁冀还在城西秘密兴建了一处庄园，专门用来收罗、眷养打家劫舍的强盗和刺客，以供自己驱使。在他家里，有好几千奴婢，都是强行掳掠来的农民。他给这些人起了个好听的名字——"自卖人"。

后来，汉桓帝二十八岁时，为了不再充当梁冀的傀儡，重振朝纲，他毅然与宦官单超、左悺等秘密商量，在厕所里制订出行动计划，随即发动一千多人的御林军，突然包围了梁冀的住宅，没收了大将军的印绶。

一生贪得无厌、横行霸道的梁冀一见这大兵压境的情势，吓得六神无主，自知死期已至，在一阵哀鸣中与老妻孙寿双双服毒自杀。

不可一世的梁大将军一死，其狐朋狗党也穷途末路了，有的处了死刑，有的被废为平民，公卿大臣被牵连而杀的数十人，被罢免的三百多人，一时"朝廷为空"，百姓无不拍手称快，举国一片欢腾。

接着桓帝下诏，对梁冀的家产进行了彻底清抄，结果抄其家产价值三十多万绢（即30多亿银钱）。这几乎相当于汉桓帝时期朝廷一年收取的税赋的一半。由此可见梁冀贪婪达到了何等程度。

一代"枭雄"、一代大贪官梁冀就这样走完了他可悲可恨的人生。

第三讲

隐士的桃花源：
魏晋南北朝园林

友谊的小船说翻就翻

魏晋南北朝时期（220—589年）是中国历史上政权更替最频繁的大混乱时代，主要分为魏朝（曹魏）、西晋、东晋和南北朝时期，在三百六十多年间，有三十多个大小王朝交替兴亡，社会动荡不安，政治极为黑暗。

由于封建大帝国呈现分裂的局面，在思想领域，先前的儒家经学思想体系不再占据统治地位，社会思想比较自由，地方贵族庄园经济发达，民间私家园林异军突起，与皇家园林形成分庭抗礼的势头。

魏晋时期的主要社会思想为玄学。代表人物为以嵇康、阮籍为代表的"竹林七贤"。他们主张不为礼法所束缚，顺应自然、逍遥自在，追求个性解放。

这一时期，士大夫阶层中流行隐逸思想。他们不愿意卷入政治斗争的旋涡，或者不愿意为统治阶级效力，转变为隐士。他们中的一部分退隐山林，发现了自然山水之美，从而寄情于自然之间，典型的隐士有竹林七贤和陶渊明等。

在宗教方面，由于军阀混战，人民生活困苦、颠沛流离，佛教迅速传播，被中国社会普遍接受，寺院往往成为百姓的避难所，各地都修建了大量的佛寺。带着对美好生活的向往，这些佛寺多修建在风景优美的山林之地。

道教是中国本土的宗教，产生于东汉时期，魏晋南北朝时期逐渐发展起来。东晋初年，葛洪将儒家与道家思想相结合，大力宣扬炼丹、长寿的法术。因为名山大川往往是传说中仙人居住的地方，所以道观也大多建在风景胜地，取天地之精华。

在文化领域，这一时期首次出现了田园诗和山水诗。

田园诗是以描述田园生活为主题的诗，是隐士回归田园生活后对其生活状态的一种反映，表达了以朴素无华的田园生活为价值目标取向的心理与精神追求，代表作品有陶渊明的《归去来兮辞》《归园田居》等。

山水诗是描写山水之景、抒发情怀的诗，体现了对自然山水风景的欣赏与向往。山水诗的鼻祖是东晋的谢灵运。在其诗作中，自然山水不仅是审美和讴歌的对象，也是作为士大夫抒发情怀、表达不同流合污的高尚品德和操守的客观载体。

田园诗与山水诗都是士大夫创作的寄情于自然的文学体裁，与当时的隐士庄园在创造思想与手法上息息相关。

因为社会动乱、民族融合加深以及玄学的发展，原有的礼教束缚被打破，社会风气趋向自由化，这对绘画艺术的发展是极大的促进。这一时期出现了曹不兴、卫协、顾恺之等擅长表达精神气质、画风缜密的画家。

玄学的高度发展、隐逸思想的流行以及山水画论的发展，不断激发文人士大夫对自然山水之美的热爱，促使园林营造活动从宫廷普及民间，并对造园的风格与内容产生了深远的影响。

这一时期，解决了两汉时期园林艺术审美水平较低、园林定位模糊的问题，基本确立了中国园林是以自然山水园为基本构架的总体发展方向。

从这一时期开始，中国古典园林开始形成皇家园林、私家园林、寺观园林三大类型并行发展的局面，古典园林体系开始略具雏形。

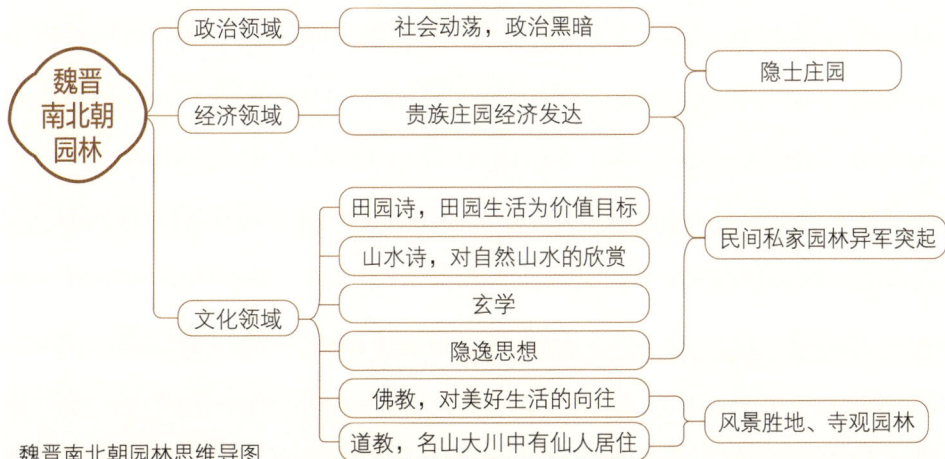

魏晋南北朝园林思维导图

园林体系的初创期

桃花流水窅然去，
别有天地非人间。

——唐·李白《山中问答》

皇家园林

三国、两晋、南北朝，几十个政权都在自己的都城里营造宫室和园林。重要的宫苑主要集中于三座城市：邺城、洛阳和建康。

邺城位于今河北省临漳县的漳水北岸，曹操在邺城修建的铜雀园略具"大内御苑"性质，是一座兼有军事堡垒功能的皇家园林。

铜雀园 在邺城宫城西侧，曹操兴建了铜雀园，又称"铜爵园"，其西北角建了三座台：铜雀台、金虎台（后改名金凤台）和冰井台。铜雀园的主要功能是游乐，曹操是建安文人的代表，该园也是建安文人的聚会作赋场所。除此之外，因为当时外部军事威胁还比较大，铜雀园还兼有护卫宫城、保护水源的作用。铜雀园南部建有武库，储藏兵器；冰井台上有冰室，储存冰块、粮食和物资，可用于战备；铜雀台与金虎台之间的长明沟，与漳河相通，是邺城的用水来源。

魏文帝曹丕于黄初元年（220年）称帝，以洛阳为都城，在原来洛阳北宫的基础上营造洛阳宫和囿苑。

魏明帝曹睿即位后，开始在都城洛阳大规模建设宫苑，最具代表性的是芳林园。

芳林园

魏明帝曹睿即位后，在洛阳大兴土木，除了宫殿建筑以外，在内廷以北营造皇家园林芳林园。魏明帝下令在芳林园西北角筑起土山，并发动大臣参与筑山工程，魏明帝本人还亲自劳作作为表率，在土山上种树、植草，放养动物。齐王曹芳即位后，为避曹芳名讳改芳林园为华林园，利用原来东汉时期的园林遗址开凿了天渊池，筑有景阳山。

洛阳芳林园（华林园）平面设想图

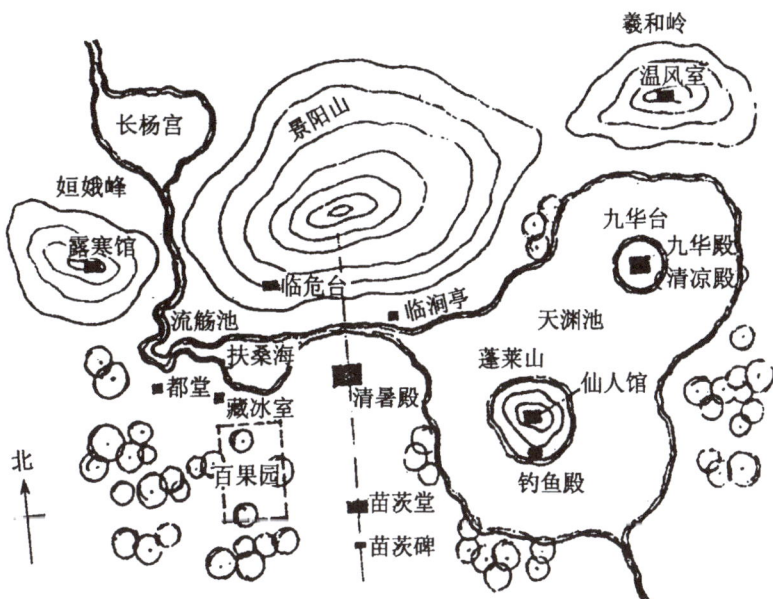

建康（今南京）作为东吴、东晋、宋、齐、梁、陈六朝都城，一直都有皇家园林的建设。

建康城内著名的皇家园林——华林园，位于当时城市中轴线的最北端，往南是宫城和御街，历代帝王引玄武湖水入华林园，在园内修建了天渊池、景阳山和通天观。

华林园

最初由晋成帝仿照洛阳华林园修建而成。南朝宋文帝时期，修筑北堤，稳定玄武湖水位，在华林园内修筑景阳山，由于工程繁杂、徭役沉重，导致民间怨声载道。南朝宋孝武帝时期，扩建华林园，增建了连玉堂、灵曜前后殿、芳香堂、日观台等建筑，并通过水渠引玄武湖水到华林园天渊池与殿前各条沟渠，最终汇至宫城南侧护城河。南齐东昏侯时期，建康宫城发生大火，烧毁三千多间殿宇，华林园受损严重。火灾后东昏侯重建华林园，亭台楼阁比灾前有过之而无不及，新建紫阁、神仙、玉寿等殿宇楼阁。梁武帝时期再次大规模增建华林园，新建通天观和重云殿，殿前配置观测天象用的浑天仪。梁朝末年发生侯景之乱，侯景引来玄武湖水淹没宫城与御街，华林园再次遭到破坏。南陈建立后，重修华林园。陈武帝修建听讼殿，陈文帝修建临政殿，陈后主大建宫室，生活奢侈，荒淫无度，不理朝政，为其宠妃张丽华修建临春、结绮、望仙三阁。隋文帝灭陈国时，华林园被毁灭殆尽。

私家园林

魏晋南北朝时期，玄学高度发展，自然审美意识提高，寄情于山水之间成为官僚、文人士大夫和隐士集团的共同追求。这一追求逐渐转化为对良好居住环境的向往，从而促进了私家园林的营造。

这一时期的园林是山水、植物和建筑相互结合组成的自然山水园。自然山水园的出现，为后来唐、宋、明、清时期的园林艺术打下了深厚的基础。

这一时期私家园林的营造，从对个人财富的炫耀，逐渐上升为对艺术的追求，从产生地点与性质上可分为城市私园和庄园别墅两大类。

城市私园以北魏洛阳"张伦宅园"和建康"玄圃"为代表。

张伦宅园 北魏时期，北方统一，人民获得修生养息的机会，生产恢复，城市复苏。北魏迁都洛阳后，经济繁荣，统治阶级生活奢侈，许多官僚贵族都修建了私家园林。如司农张伦在昭德里建了宅园，里面有一座大假山——景阳山，作为园林的主景，这座大假山已经能够把天然山岳形象的主要特征比较精炼而集中地表现出来。

玄圃 南方社会相对比较稳定，经济发展后来居上，王公贵族与官僚热衷于游玩享受，在城市里营建私园的现象比较多。如文惠太子在建康营造私园玄圃，园内出现了用于游乐、攀登、远眺的塔等建筑物。

南京玄武湖玄圃现状

　　除了城市私园以外，士族大户在城镇以外的郊区拥有大量的庄园、别墅（也叫别业、山居）。

　　庄园是自给自足的经济体，一般位于自然环境优美、自然资源丰富的山野地带，拥有大片的优质良田、物产丰富的山林与河湖。

　　士族重视教育，士族子弟大多是官僚或者知识界的代表人物，因此庄园的选址与经营上体现了当时士大夫阶层的审美追求，他们将对自然山水的热爱融入庄园的建设活动中。

　　庄园规模有的极宏大，有的较小型，一般包含四部分内容：一是庄园主家族的住宅；二是农业耕作的田园；三是副业生产的场地和设施；四是庄客、仆人的住所。

　　著名的庄园、别墅有西晋大官僚石崇的金谷园、谢灵运《山居赋》中描写的始宁墅等。

金谷园　西晋时期，石崇曾官居高位，他在洛阳西北郊金谷涧营造了金谷园，将其作为安享晚年生活、享受自然山林乐趣，且保证衣食无忧的场所。

始宁墅　东晋时期，北方的士族大户随晋王室南迁，在江南风景优美的山野地带建设了很多庄园别墅。如北方士族大户王、谢两族，南迁到会稽郡（今浙江绍兴），结合当地的风景与自然资源，营造了具有自然山水之美的庄园。其中，谢玄为东晋名将，归隐后在会稽郡营造庄园始宁墅。谢玄之孙谢灵运为著名的文人、山水诗的创始人，继续经营、扩建始宁墅，并写出了《山居赋》，对庄园营造的经验与心得进行了阐述。

明·仇英《金谷园图》

寺观园林

魏晋佛教传入，佛道盛行，名山寺观的园林与私家园林中的别墅有着异曲同工之妙。

寺观园林包括三种情况：一是毗邻于寺观而单独建置的园林，如洛阳永宁寺；二是寺、观内部各殿堂庭院的绿化或园林环境；三是郊野地带的寺、观外围的园林环境，如庐山东林寺。城市的寺观园林多属于第一、第二种情况。

寺观园林不同于皇家园林和私家园林，具有公共游览地的性质，深得民间喜爱，因而相对有较多的寺观园林保存至今，代表性的如南京鸡鸣寺、嵩山少林寺、恒山悬空寺等，这比同时期的皇家园林和私家园林要幸运得多了。

庐山东林寺

嵩山少林寺

魏晋南北朝主要园林一览表

类型	朝代	名称	地点	建造者
皇家园林	魏朝	铜雀园	邺城	曹操
	魏朝	芳林园（华林园）	洛阳	魏明帝
	西晋	华林园	建康	晋成帝
	东晋	玄武湖（北湖）	建康	晋元帝
	十六国	龙腾苑	邺城	后燕君主
	南朝	芳乐苑	建康	南齐东昏侯
	南朝	乐游苑	建康	刘宋君主
	南朝	芳林苑	建康	齐高帝
	北朝	仙都苑	邺城	北齐后主
私家园林	魏朝	竹林	山阳	嵇康
	西晋	张华园	洛阳	张华
	西晋	金谷园	洛阳	石崇
	西晋	潘岳庄园	洛阳	潘岳
	东晋	园田居	庐山	陶渊明
	东晋	始宁墅	始宁	谢灵运
	东晋	兰亭	绍兴	王羲之
	北朝	张伦宅园	洛阳	张伦
	南朝	玄圃	建康	文惠太子
	南朝	湘东苑	江陵	湘东王
	南朝	小园	长安	庾信
寺观园林	西晋	宝光寺	洛阳	/
	东晋	东林寺	庐山	慧远
	北朝	景明寺	洛阳	北魏宣武帝
	北朝	永宁寺	洛阳	胡灵太后
	北朝	少林寺	嵩山	北魏孝文帝
	北朝	悬空寺	恒山	天师弟子
	南朝	鸡鸣寺	建康	梁武帝
	南朝	同泰寺	建康	梁武帝
	南朝	华阳隐居	茅山	陶弘景

"铜雀春深锁二乔"
——赤壁之战的典故

铜雀台位于河北省邯郸市临漳县城西南18公里处，是全国重点文物保护单位。这里古称邺城，始建于春秋齐桓公时期。

三国时期，曹操消灭袁绍兄弟后，夜宿邺城，半夜见到金光由地而起，第二天从地下挖掘出一只铜雀，军师荀攸进言说，上古时代舜的母亲梦见玉雀飞入怀中，就生下了舜；如今我们得到铜雀，也必定是吉祥的预兆。曹操很高兴，于是决定在漳水之上建造铜雀台，以彰显自己平定四海之功。

铜雀台初建于建安十五年（210年），后来赵、东魏、北齐都有扩建。它是一座以邺城城墙为基础而建的大型台式建筑。当时一共建了三座台，前面是金凤台，中间是铜雀台，后面是冰井台。

铜雀台最高时可达十丈，台上又建五层楼，离地共27丈。在楼顶又安置了高一丈五的铜雀，双翅展开，跃跃欲飞，神态逼真。在台下引来漳河水经暗道穿过铜雀台流入玄武池，用来操练水军。

铜雀台建成之日，曹操在台上大宴群臣，慷慨陈述自己匡复天下的决心，又命武将比武，文官作文，以助酒兴。一时间，曹操父子与文武百官觥筹交错，对酒高歌，大殿上鼓乐喧天，歌舞升平，盛况空前。

中国古典名著《三国演义》中描写了一场妇孺皆知的战役"赤壁之战"，杜牧《赤壁》一诗中的名句"东风不与周郎便，铜雀春深锁二乔"，说的便是这个故事。

据说，曹操有一个心愿，把江东的两位绝色美女——大乔、小乔抢来，安置在铜雀台。众所周知，二乔，即大乔、小乔，分别是东吴君主孙策、东吴名将周瑜的妻子。

当时，曹操大军压境，诸葛亮为了促使孙刘联合起来抗击曹操，特用激将法来激怒周瑜。他篡改了曹植的《铜雀台赋》，将"连二桥于东西兮，若长空之蝃蝀（dì dōng，指彩虹）"改成了"揽二乔于东南兮，乐朝夕之与共"。

背诵完修改版的《铜雀台赋》后，诸葛亮对周瑜说，只要献出夫人小乔，就可保全自身。周瑜马上被激怒了，离开座位指向北方，对曹操破口大骂："老贼欺吾太甚!"并当即表示愿意与诸葛亮联合一致，共同对抗曹操大军。诸葛亮的激将法奏效了。

后来的故事大家都耳熟能详，孙刘联军巧妙地利用风力，烧了曹营战船，打退了曹军，取得了赤壁之战的胜利，也避免了江东二乔被曹操掳走的悲剧。

赤壁之战的失利，使曹操失去了在短时间内统一全国的可能性，而孙刘双方则借此胜仗开始发展壮大各自势力。

刘备向孙权借荆州后实力迅速壮大，进而谋取益州。孙权屡次亲率大军进攻合肥，数战不利，损兵折将。曹操在退回北方后，休养生息五年，平定关中后才大举南征孙权。形成天下三分的雏形，奠定了三国鼎立的基础。

曹操的铜雀园遗址

"世外桃源"
——陶渊明描绘的理想家园

魏晋南北朝是中国历史上一段黑暗的"乱世"，士大夫中的一部分人归隐于山林或田园，成为真正的隐士。

这些人具有很高的文化修养，但是厌倦了官场生活，不愿意为朝廷服务，所以选择远离城市繁华之地，营造自己的别墅。

与士族大户不同，隐士缺乏雄厚的经济基础，所建庄园规模较小，生活上仅能自给自足。

如东晋的陶渊明，辞官到庐山脚下归隐，自己建造小型庄园别墅"园田居"，过着自然朴素的生活。陶渊明作了《归园田居》六首，描述了归隐后自然宁静的园居生活。

《桃花源记》是陶渊明的代表作之一。

此文借武陵捕鱼人行踪这一线索，把现实和理想境界联系起来，通过对桃花源的安宁和乐、自由平等生活的描绘，表现了作者对当时现实生活的不满和追求美好生活的理想。

前两段是文章的精华，说的是：

东晋太元年间，武陵郡有个人以打渔为生。一天，他顺着溪水行船，忘记了路程的远近。忽然遇到一片桃花林，生长在溪水的两岸，长达几百步，中间没有别的树，花草鲜嫩美丽，落花纷纷飘散在地上。渔人对此感到十分诧异，继续往前行船，想走到林子的尽头。

桃林的尽头就是溪水的发源地，出现了一座山，山上有个小洞口，洞里仿佛有点光亮。于是他下了船，从洞口走进去。起初洞口很狭窄，只容得下一人通过。又走了几十步，突然变得开阔明亮了。呈现在他眼前的，是一片平坦宽广的土地，一排排整齐的房舍。还有肥沃的田地、美丽的池沼、桑树竹林之类。田间小路交错相通，鸡鸣狗叫到处可以听到。人们在田野里来来往往耕种劳作，男女的穿戴跟桃花源以外的世人完全一样。老人和小孩们个个都安宁愉快，自得其乐。❶

---

❶ 原文为："晋太元中，武陵人捕鱼为业。缘溪行，忘路之远近。忽逢桃花林，夹岸数百步，中无杂树，芳草鲜美，落英缤纷。渔人甚异之，复前行，欲穷其林。林尽水源，便得一山，山有小口，仿佛若有光。便舍船，从口入。初极狭，才通人。复行数十步，豁然开朗。土地平旷，屋舍俨然，有良田美池桑竹之属。阡陌交通，鸡犬相闻。其中往来种作，男女衣着，悉如外人。黄发垂髫，并怡然自乐。"

由此可见，青山屏障，建筑有序，拥有耕种的良田和灌溉的水渠，以及人们赖以生活的水体系统，这是自然景观功能的最好分区和布局；生活在这里的老人健康长寿、小孩活泼天真，一派幸福悠然的人间天堂景象。

难怪后人都把向往中的美丽环境，以及在这样的环境中悠然、幸福的生活方式比喻为"桃花源"或者"世外桃源"。

其实，在每个中国人心里，都有一片桃花源。

那里土地宽广平坦，房屋规整有序，没有神仙皇帝，没有宫苑亭台，不必争名夺利，不必钩心斗角。

于是，千百年以来，那些被世俗捆绑住手脚、被痛苦禁锢住灵魂的人们，个个都在追寻世外桃源，又到不了桃源，辗转反侧，几乎要害起相思病来。

终于有一天，有人将书卷一抛，行囊一掷，长吟一声：不找不找了！桃花源，且自己造吧！然后，就有了中国园林的魂。

建筑学家童寯（jùn）先生曾说："中国园林是一处真实的梦幻佳境，一个小的假想世界。"

园林自建造之初就被寄予了关于隐匿和安逸的幻梦，又揉进造园人的一腔赤诚，三分幻想、七分执着……这才成了人间的桃源，成了这个真实的梦幻佳境。

高楼易筑，佳境难得。园林，是难得的人间桃源。

北宋·李公麟《渊明归隐图》

明·仇英《桃源仙境图》

"曲水流觞"
——王羲之在兰亭的风流韵事

兰亭，位于浙江省绍兴市西南13公里的兰渚山麓，是东晋著名书法家、书圣王羲之的园林住所，是一座晋代园林。

相传在春秋时期，越王勾践曾在此种植兰草，汉朝曾在这里设置驿站，有供行人休息的亭子，因此叫作"兰亭"。

在兰亭里，有一座三角形的碑亭，亭内碑石上刻有"鹅池"两个草书大字。相传这两个字是王羲之亲笔书写的。据说王羲之对鹅情有独钟，在家里养了一群鹅。现在兰亭的鹅池里也饲养了几只白净的鹅。

兰亭里还有曲水流觞亭、右军祠、墨池等建筑。

流觞亭前有一条弯弯曲曲的水沟，水在沟里缓缓流过，这就是有名的曲水。当年王羲之等人就是列坐在曲水岸边，有人在曲水的上游，放上一只盛酒的杯子，酒杯由荷叶托着顺水流漂而下，停在谁的面前，谁就要作一首诗，作不出就罚酒一杯。

曲水流觞对后来的园林营造影响很大，很多皇家园林和私家园林中都设置了曲水流觞的景点，一般以"流杯池""流杯亭"等水景为中心。

这种诗酒文化，不仅是文人追寻的风流韵事，更形成了祈福文化与园林风景的结合，最终促成了"曲水流觞"景观成为后世园林永恒不变的题材。

绍兴兰亭鹅池碑亭

故宫宁寿宫花园禊赏亭

南宋·马远《王羲之玩鹅图》

明·钱毂《兰亭修禊图》

说到王羲之在兰亭的曲水流觞，不得不提及《兰亭集序》的故事。

据历史记载，东晋永和九年（353年）三月初三（上巳节），时任会稽内史的王羲之邀请友人谢安、孙绰等名人及亲朋共42人，在兰亭集会，曲水流觞，饮酒作诗。

有人提议将当日所作的三十七首诗，汇编成集，取名为《兰亭宴集》，后人多习惯称之为《兰亭集》。众人说，诗集有了，可是没有序怎能记录下今天我等愉快的心情呢？大家便公推王羲之写一篇《兰亭集序》。

据说当时王羲之乘着酒兴，提起笔来一气呵成，用他最擅长的中锋行楷，洋洋洒洒二十八行，三百二十四字一挥而就。

在这篇短文中，王羲之既描写了兰亭优美的自然环境，又抒写了与朋友相聚的欢欣，同时也抒发了人生苦短、及时行乐、快然自足的情怀。文章理趣深远，沁人心脾，而书法更是精彩绝伦、变化无穷，二十多个"之"字无一雷同，如有神助。

《兰亭集序》的书法，符合传统书法的最基本审美观。其笔法刚柔相济，线条变化灵活，点画凝练，书体以散求正，具有敬侧、揖让、对比的间架美感，成为"中和之美"书风的楷模。

王羲之谢世后，《兰亭集序》的流向就成了个谜，有传说是在唐太宗墓中，因为唐太宗死前曾要求将《兰亭集序》陪葬并枕于枕下，所以它有很大的可能会在唐太宗的昭陵墓中；还有一种说法是说被高宗李治调包，后来陪葬到高宗和武则天合葬的乾陵中，那具体真相如何呢？

五代时期，耀州刺史温韬把唐太宗昭陵盗了，但是在他写的出土宝物清单中并没有《兰亭集序》，这使得其真迹之谜变得更加玄乎。因此很多人猜测《兰亭集序》就藏在武则天的乾陵里。

唐代皇陵有十八座，据说被温韬挖了十七座，唯独挖到乾陵时，风雨大作，无功而还。因此，《兰亭集序》真迹之谜不仅没有得到破解，反而再添新疑。于是在唐朝之后，就再没有人见过《兰亭集序》的真迹，

这也使更多人相信《兰亭集序》随葬乾陵的说法。

新中国成立后，陕西方面曾经多次向中央呈送要发掘乾陵的报告，郭沫若甚至当面对周恩来总理陈述了发掘乾陵的意义：打开乾陵，说不定武则天的《垂拱集》百卷和《金轮集》十卷就可重见天日；也说不定武则天的画像、上官婉儿等人的手迹都能见到。周恩来总理看完发掘计划后，并没有简单地写上"同意""不同意"的例行文字，而是深情地写道："我们不能把好事都做完，此事可以留给后人来完成。"

毋庸置疑，周总理的批复是英明的。对于尘封的历史，当代人不要太急于得到什么，如果一味地把先人留给后代的财富和文化遗迹都掠取过来，不但是对历史的亵渎，还是对后辈人的不负责任。

那么，《兰亭集序》是否真的藏在乾陵？这个生前征服了天下，死后征服了历史的女人还能给历史带来多少迷惑？乾陵的神秘就在于此。在乾陵一带的民间传闻中，早就有《兰亭集序》陪葬武则天的说法。据考古学家预言，《兰亭集序》既然没有在李世民的昭陵里，则很有可能埋藏在乾陵里。

这是一个历史悬案，被称为"中国行书第一帖"的《兰亭集序》只闻传说，未见其庐山真面目，这本身就是一个极富吸引力的故事。

唐·冯承素《兰亭集序》（神龙本）

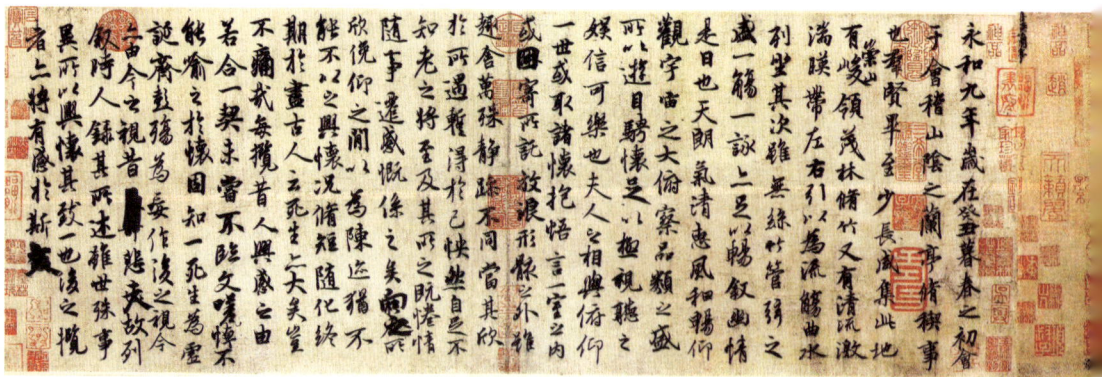

鸡鸣寺
——"南朝四百八十寺"的第一寺

"千里莺啼绿映红，水村山郭酒旗风。南朝四百八十寺，多少楼台烟雨中。"出自唐代诗人杜牧的《江南春》。

这首诗，短短四句，既写出了江南春景的细致丰富，又写出了江南美景的朦胧深邃。

其中，"南朝四百八十寺，多少楼台烟雨中"两句，既是写实，也是怀古。

"南朝"二字指的是南北朝时期的"和尚皇帝"梁武帝萧衍，整天迷恋佛法与寺院，因此荒废朝政，致使国破家亡的故事。

诗中是借古讽今。杜牧所在的晚唐时期，国力已经衰微，然而皇帝却深信佛教，广建佛寺，颇有重蹈南朝覆辙的倾向。短短十四个字，艺术造诣却非常高。

"南朝四百八十寺"，折射出南朝空前鼎盛的佛教文化，在这么多的寺院中，最有名的当属鸡鸣寺。

鸡鸣寺位于南京市玄武区鸡笼山东麓山阜上，又称古鸡鸣寺，始建于西晋，是南京最古老的佛寺之一，自古有"南朝第一寺""南朝四百八十寺之首寺"的美誉，是南朝时期中国的佛教中心。

鸡鸣寺的历史可追溯到东吴的栖玄寺，东晋以后，被改建为廷尉衙门。后来梁武帝在鸡鸣埭兴建同泰寺，使这里从此真正成为佛教胜地。

鸡鸣寺集山、水、林、寺为一体，环境十分幽雅，最高处建了一座药师佛塔，成为寺院的标志性建筑。现在游人登塔眺望，六朝古都南京的湖光山色、满城风光尽收眼底。1992年，中国台湾《新白娘子传奇》剧组因当时杭州西湖的雷峰塔早已倒塌，而新的尚未建好，便来到南京鸡鸣寺，借用药师佛塔来拍摄雷峰塔相关剧情。

提起鸡鸣寺，还有一个有趣的"梁武帝四次出家"的故事。

话说东汉年间，佛教传入中国，很快就适应了这方水土，十分顺畅地扎下了根。公元5世纪，佛教的发展速度越来越快，尤其在社会相对安

南京鸡鸣寺现状

定，经济较为兴旺的南朝，这里微风细雨，草长莺飞，宋、齐、梁、陈四个政权，都为佛教呐喊助威。有的皇帝，便是十分虔诚的佛教徒，乃至出现皇帝落发为僧，朝廷一而再、再而三地为皇帝赎身的热烈局面。

自卖为僧的皇帝是谁呢？他就是南朝有名的梁武帝。梁武帝（464—549年），名萧衍，字叔达，祖籍南兰陵中都里，即今江苏丹阳。萧衍是我国第一个信佛的皇帝，据说，他祖辈的身世十分显赫，是西汉的开国名相——萧何。他是萧何第二十五世孙。

萧衍是位文武双全、学问广博的学者型皇帝。他的政治、军事才干，在南朝所有帝王中，肯定能排前三名。说到他的学术成就和文学造诣，就更厉害了。据史书记载，梁武帝"礼、乐、射、御、书、数"六艺具备，是一位品德出众，精通音律、射箭、驾车、书法、算数，以及下棋、占卜的技能型人才。

萧衍从小就受到儒家的正统教育，十分刻苦；即位以后，依然保持孜孜不倦的攻读习惯，在日理万机之余，常常读书直到深夜。这样一位厚实读书、认真思考的文化人，竟然阴差阳错地当了皇帝，上天真会捉弄人。

萧衍接触到佛教之后，便成为一名死心塌地的"佛门弟子"。他曾发布过自己写的《断酒肉文》，还正式受过"菩萨戒"。他以佛门弟子自居，不近女色，也不动荤腥。不但如此，他还发动朝廷上下、全国臣民一同仿效。每逢祭祀宗庙时，都禁止使用生猪、活牛，代之以蔬菜、果品。虽然这道旨令招来了满朝大臣的反对，萧衍依然我行我素，用面团捏成猪、牛、羊来祭祀神灵。

公元520年，天竺高僧达摩禅师被他迎入金陵，两人有一段简略的对话。梁武帝问道："我这样不断地行善，会有什么功德？"达摩禅师冷冷地回答："了无功德。"梁武帝听了自然不高兴，再想问其间缘由，禅师就不再纠缠这个问题了。最终，二人话不投机，达摩禅师拂袖而去，很快就渡江北去了。

错过了达摩禅师，萧衍并不死心。他一边处理军国大事，一边揣摩落发为僧的事儿。这事儿听起来十分诙谐，但是，它确实发生了。萧衍真的以九五之尊，放弃了江山社稷，先后四次跑到寺院里，当起和尚来了。

公元527年，萧衍亲身赶赴同泰寺，正儿八经地当了三天"住持和尚"。那座同泰寺，也就是如今南京的鸡鸣寺，萧衍跑来捐躯的时候，这座寺院正在建设中。有人说，他捐躯当和尚，是为了给同泰寺征集善款。为此，他还下令改年号为"大通"。

自从进了一回同泰寺，萧衍好像尝到了落发的甜头，尔后，他又接连在528年、545年、547年，三次跑进庙里"捐躯"做和尚，还试图精心研究佛教理论。这样一来，朝廷不就凌乱了吗？为了把皇帝赎出来，文武大臣不得不集体掏钱。

梁武帝前后当了四次和尚，朝廷一共破费了4亿钱。这笔钱名义上捐给了庙里，终究由谁买单呢？当然是普通老百姓了。终究，落得个怨声载道，国政日非。"侯景之乱"发生以后，连佛祖也不能保佑他了，萧衍被侯景抓住活活饿死。

第四讲

皇权的炫耀场：
隋唐园林

有钱就是这么任性

　　隋唐时期（581—907年），为隋朝和唐朝两个朝代的合称，也是中国历史上最强盛的时期。

　　隋唐时期是我国封建社会高度发展的时期，地主小农经济发达，政治稳定，国力强盛，文化开放，佛教和道教获得长足发展，文化艺术呈现流光溢彩、群星璀璨的局面，使得中国古典园林进入风华正茂的全盛时期，各种类型的园林得以发展兴盛。

　　隋朝结束了中国长期分裂的局面，民族融合、南北统一，为文化的发展奠定了基础。隋唐两朝在政治、军事、文化、经济和科技上都达到前所未有的发展高度。两朝君主在治国政策上较为开明，也影响了周边各国向中国朝贡、学习。这一时期，皇家园林的"皇家气派"已经完全形成，在隋唐三大园林类型中的地位，比魏晋南北朝时期更为重要。

　　隋文帝、隋炀帝大力支持佛教的传播，营造了大量的佛寺。由于隋唐时期佛教信徒众多，形成了多种流派，主要有律宗、三论宗、天台宗、法相宗、华严宗、密宗、禅宗、净土宗。其中，禅宗创立于北魏时期，在唐朝分为南北两大支派，南派始祖是慧能和尚，北派始祖是神秀和尚，最终发展成为佛教最大的宗派。

　　唐朝建立后，唐高祖李渊自称为道教始祖李耳的后代，积极扶持道教，通过神权巩固自己的统治。武则天时期控制道教的传播，唐玄宗时期又大力发展道教，天宝年间各地兴建了大量的玄元皇帝庙，道观多达1900多所，道士近万人。借助统治者的推动，寺观园林获得长足发展，促进了风景名胜区的普遍开发。

在文化领域，唐代的诗歌在中国文学史上占有突出的地位。初唐时期涌现了王勃、杨炯、骆宾王和卢照邻四位文学家，号称"初唐四杰"。盛唐与中唐时期，出现了李白、杜甫、王维、孟浩然、白居易等一大批杰出的文学家，将唐朝的文学发展推向了高潮。

韩愈、柳宗元是中唐著名散文家，位居"唐宋八大家"第一、第二位。他们共同引领了著名的古文运动，推动古代叙事散文的新发展，在历史上留下浓墨重彩的一笔。

隋唐时期，山水画图式确立下来，表明对自然山水风景的审美水平大幅提高。隋代帝王喜爱大兴土木，隋唐皇室在风景地带营造了很多宫苑，因此这一时期出现了不少擅长描绘宫苑台榭和苑林风景的画家，比较典型的有展子虔、董伯仁、阎立德、阎立本、李思训等。

文人山水画在唐代有了很大发展，代表画家有王维、卢鸿等人。王维除了诗歌成就外，在山水画方面造诣也很高。王维代表作有《辋川图》《雪溪图》《江山雪霁图》等，内容多以他的田园山庄、自然山水景观为主，气韵流畅、笔墨细腻、格调清雅、富有禅意，因此王维被誉为南派山水画鼻祖。

隋唐园林思维导图

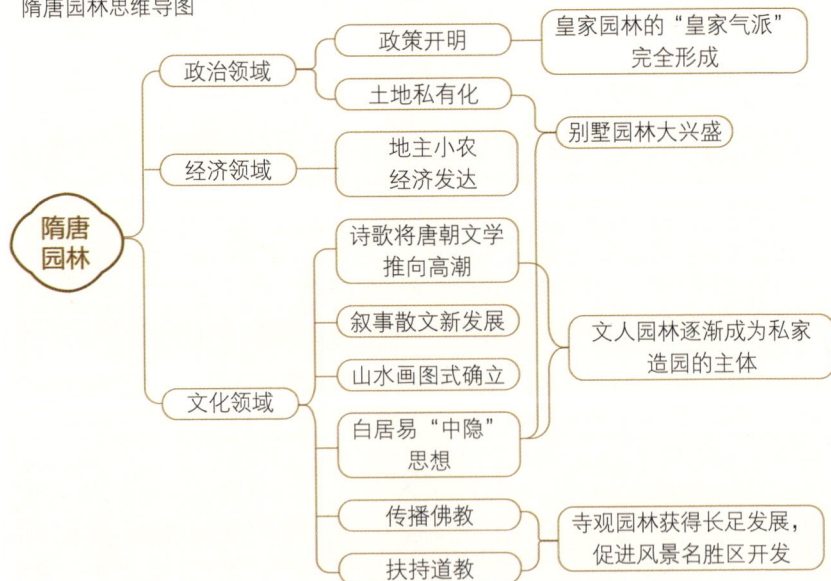

中国古代的文人士子终身纠结的一个选择就是，入仕做官还是终老山林，是达则兼济天下还是退而独善其身。白居易创造性地提出"中隐"思想，他在为官和隐逸之间找到了平衡点，也为中唐时期的士人探索出了在官场重压和集权政治包围之中突围的道路。

卓越的文化成就，使得唐代文人园林逐渐成为私家造园的主体。文人参与造园活动，促进了文人园林的兴起，促进写实与写意相结合的创作方式进一步深化，为宋代文人园林的兴盛打下基础。

唐代土地私有化进程加速，文人官僚通过兼并土地而成为庄园主，导致别墅园林大兴盛的局面，并逐渐发展成为私家园林的一个重要类别。

园林简史

皇家园林的极盛期

九天阊阖开宫殿，
万国衣冠拜冕旒。

——唐·王维《和贾舍人早朝大明宫之作》

皇家园林

隋唐时期是中国封建社会的鼎盛期，皇家园林包括大内御苑、行宫御苑和离宫御苑三类，数量和规模都超过了以前。

西都长安和东都洛阳两地的园林，是隋唐时期全盛局面的集中反映。

隋朝代表性的皇家园林是隋文帝修建的**大兴苑**和隋炀帝修建的**西苑**。

洛阳的西苑，是一座人工山水园，其建成标志着中国古典园林全盛期的到来。

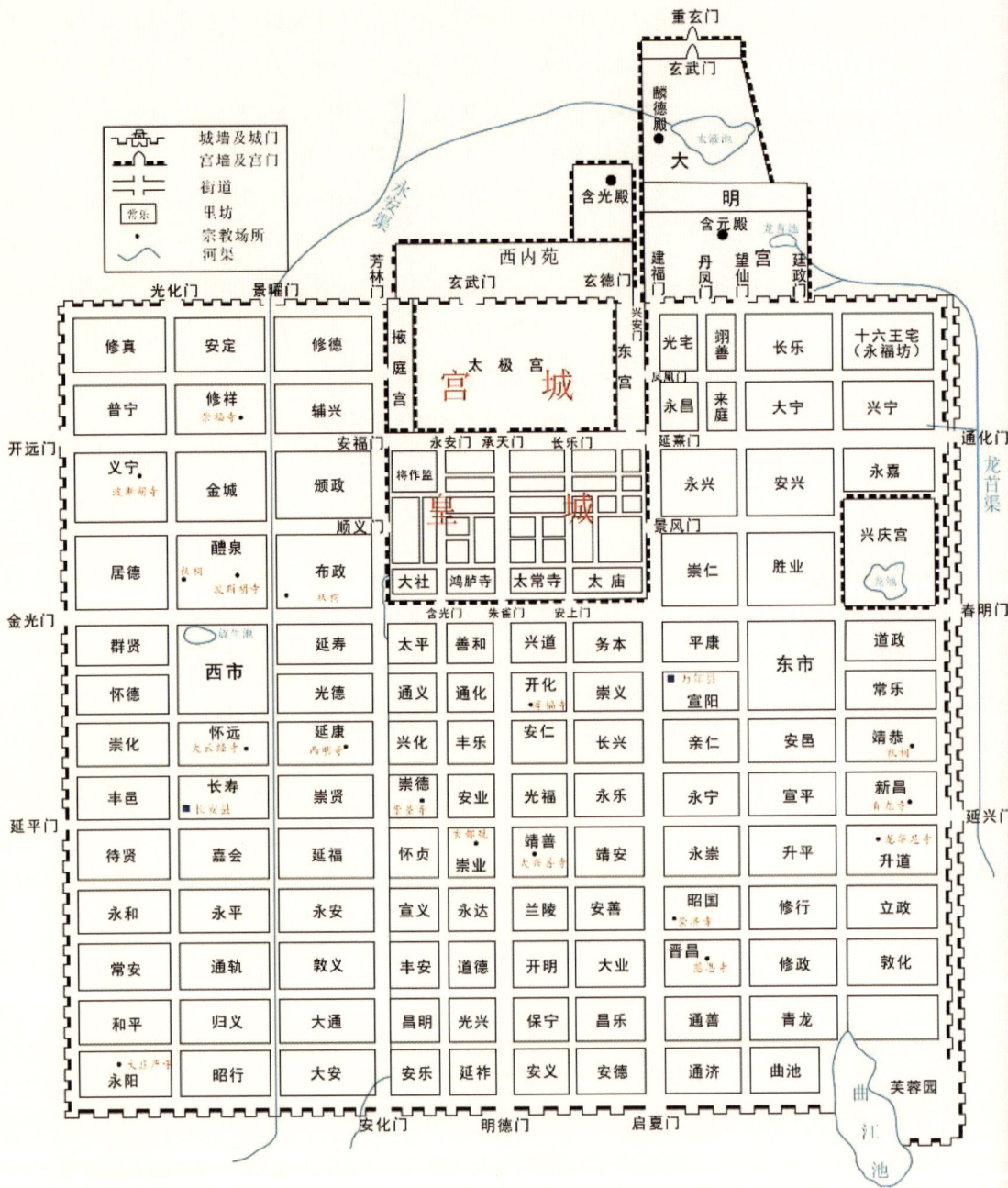

唐代长安城示意图

大兴苑

开皇二年（582年），隋文帝杨坚下诏在汉代长安故都的东南龙首原一带营建新的都城——大兴城，在大兴城北营造了御苑——大兴苑。大兴苑北达渭河，西面包含长安老城，东至浐河，南与宫城接壤，面积广阔，是隋朝帝王休憩、游赏与射猎的禁苑。

西苑

隋炀帝即位后，以洛阳为东都，大兴土木。大业元年（605年），隋炀帝命人在洛阳营建新的宫殿，同年5月在城西皂涧营造西苑。西苑规模宏大，宫殿华丽，珍禽异兽、奇花异木不计其数，是仅次于西汉上林苑的大型皇家离宫御苑。

　　唐代的大内御苑有"**三苑**"（即**禁苑、西内苑和东内苑**），以及**兴庆宫**等。

隋朝西苑平面示意图

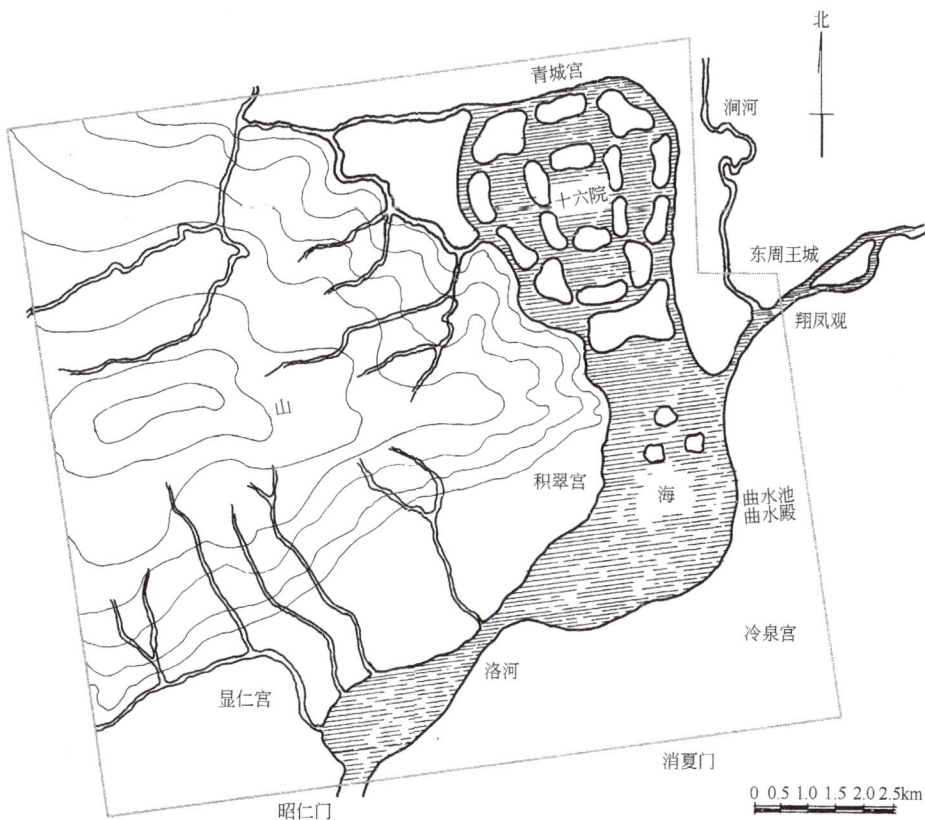

北

青城宫

涧河

十六院

东周王城

翔凤观

山

积翠宫

海

曲水池
曲水殿

冷泉宫

显仁宫

洛河

消夏门

0 0.5 1.0 1.5 2.0 2.5km

昭仁门

唐朝以隋朝的大兴城为都城，改名为"长安城"，又称"西京"，对大兴城的规模、格局未作改动。唐代长安城有三处大内御苑，包括禁苑、西内苑和东内苑，合称"三苑"。禁苑原是隋朝时期的大兴苑，具有军事防卫、游乐、生产等功能。太极宫就是隋代的大兴宫，又称为"西内"，是唐高祖李渊、唐太宗李世民日常居住和处理朝政之处。太极宫延嘉殿以北为西内苑，苑内筑山，挖有四处池沼，沿池建有亭阁楼榭，为帝王日常游憩场所。大明宫，又称为"东内"，其东侧为东内苑，作为唐高宗李治疗养、休憩和游乐之处。

皇城东南的隆庆坊建有另一处皇家园林——兴庆宫。兴庆宫又称为"南内"，为唐玄宗李隆基的游乐宫苑。

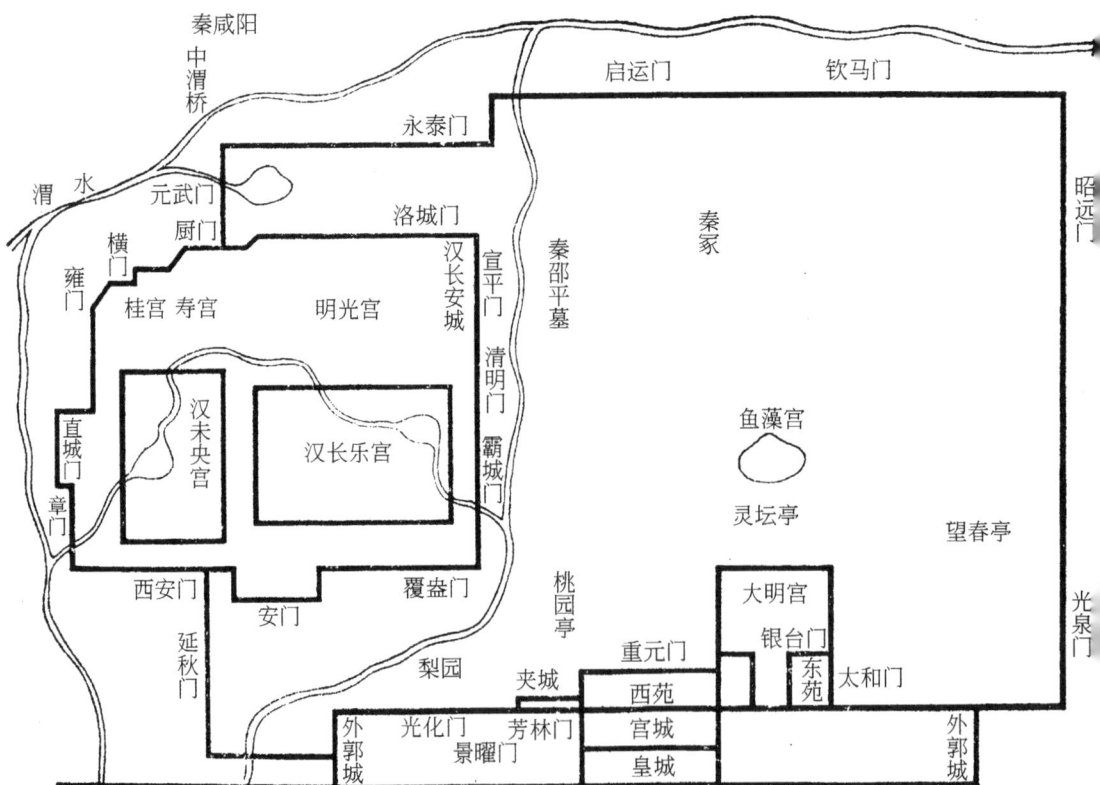

唐代长安城禁苑平面图

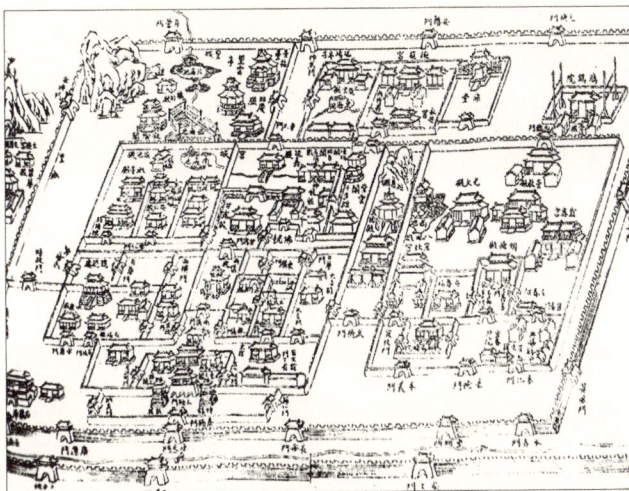

清·毕沅《关中胜迹图志》中的唐长安太极宫

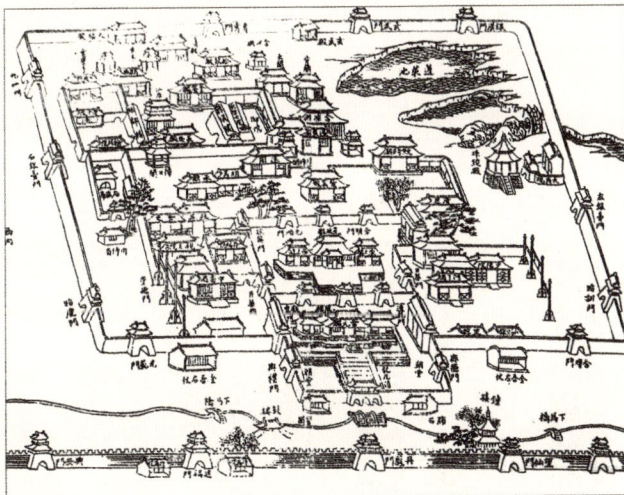

清·毕沅《关中胜迹图志》中的唐长安大明宫

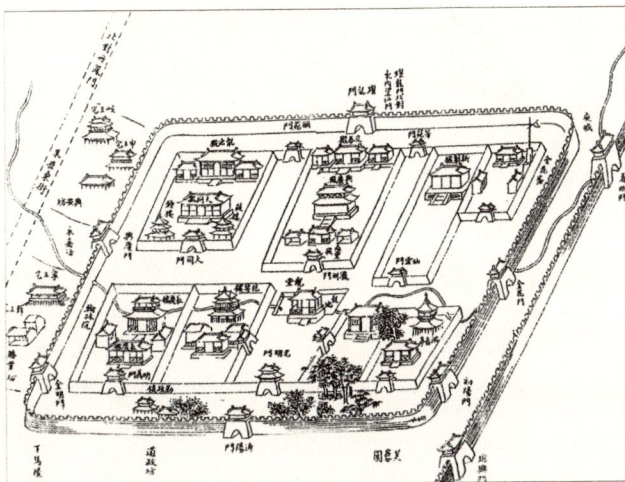

清·毕沅《关中胜迹图志》中的唐长安兴庆宫

089

隋唐时期建立了中央集权统治，经济发展、社会富足，有较多的行宫与离宫御苑设置。

隋唐的统治中心为长安和洛阳，行宫与离宫主要设置在关中一带，距离都城不远处。

根据功能划分，可分为用于夏季避暑的避暑宫苑、秋冬季温泉疗养的温泉宫苑，以及一般性行宫御苑。

著名的行宫与离宫御苑有**九成宫**、**翠微宫**、**华清宫**等。

九成宫　贞观五年（631年），唐太宗命令修缮仁寿宫，改称为"九成宫"，成为唐太宗、唐高宗和唐玄宗经常临幸的避暑宫苑。

翠微宫　武德八年（625年），唐高祖在长安县南部的终南山太和谷营建太和宫，贞观二十一年（647年）唐太宗嫌大内御苑闷热，命令阎立德重修太和宫作为避暑离宫，改名为"翠微宫"。

清·袁耀《九成宫图》

华清宫 临潼县骊山以温泉著称，山景秀美，秦汉时期帝王在此修建"骊山汤"宫苑。开皇三年（583年），隋文帝在此营建宫殿。贞观十八年（644年），唐太宗命姜行本与阎立德在此营建骊山宫殿——汤泉宫，作为皇家温泉疗养场所。咸亨二年（671年）唐高宗将其更名为"温泉宫"。天宝六年（747年）唐玄宗扩建温泉宫，增建城池，又更名为"华清宫"。

私家园林

隋唐时期，由于财富增长、文化发达，文人通过科举考试能够做官，掌握一定的权力与财富，促进了私家园林的发展。

私家园林分为城市私园和郊野别墅园两大类，造园主体包括文人、文人官僚和王侯公卿。

目前，有案可查的唐朝私家园林有四百多处，主要集中在长安、洛阳、成都、扬州等大城市，以及城郊山野风景秀丽的地方。

唐代对城市私园，多称为"山池院"和"山亭院"，最有名的是白居易的履道坊宅园和安乐公主的定昆池。

履道坊宅园 白居易在洛阳兴建了履道坊宅园，还专门为这座宅园写了一篇韵文《池上篇》。履道坊宅园属于前宅后园的布局，造园目的在于寄托精神和陶冶性情，那种清纯幽雅的格局和"城市山林"的气氛，也恰如其分地体现了当时文人的园林观——以泉石竹树养心，借诗酒琴书怡性。

定昆池 安乐公主在京城延平门外开山凿池，营建了山池院——定昆池，又开凿了九曲流杯池，建石莲花台，池边营造飞阁殿宇，奢华无比。

郊野别墅园在唐代统称为别业、山庄、庄，规模较小的也叫作山亭、水亭、田居、草堂等。它是文人为躲避战乱，或者是辞官后，为避开尘世的烦扰，获得幽静的环境，而选择山川风景优美之处营建的园林，作为隐居、会友、读书场所。

唐代的别墅园建设大致分以下三种情况。

（1）单独建设在离城市不远、交通往返方便、而且风景比较优美的地带，如李德裕在洛阳修建的"**平泉庄**"是一个收集奇花异石的大花园；杜甫在成都修建的"**浣花溪草堂**"极富田园野趣。

（2）单独建设在风景名胜区内，如白居易在庐山修建的"**庐山草堂**"。

（3）依附于庄园而设置，如王维在陕西蓝田修建的"**辋川别业**"和卢鸿一在嵩山修建的"**嵩山别业**"。

平泉庄　宰相李德裕在洛阳南15公里处营造平泉庄，里面有山泉怪石，果木繁盛，水产丰富。

浣花溪草堂　大诗人杜甫为了躲避"安史之乱"，流落到成都，在城西浣花溪营造草堂，在此居住长达三年，其《草堂记》中记述了别墅园林的选址、建筑、环境、景观以及自身的感受。

庐山草堂　白居易被贬官任江州司马，选择在庐山香炉峰下营造庐山草堂。

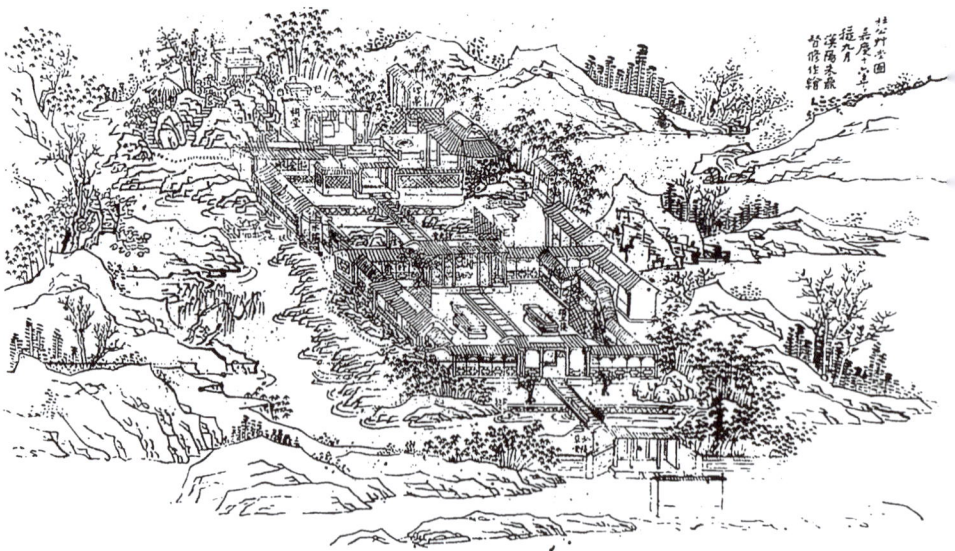

杜公草堂图石刻

辋川别业　唐代大诗人、大画家王维罢官归隐，买下诗人宋之问的别墅园，加以改造修缮，形成辋川别业，作为隐居、读书、会友场所。

嵩山别业　文人卢鸿一终生不做官，隐居于嵩山，建设嵩山别业，里面有草堂、洞元室、金碧潭、枕烟庭、倒景台等景点。

杜甫的浣花溪草堂现状

白居易的庐山草堂现状

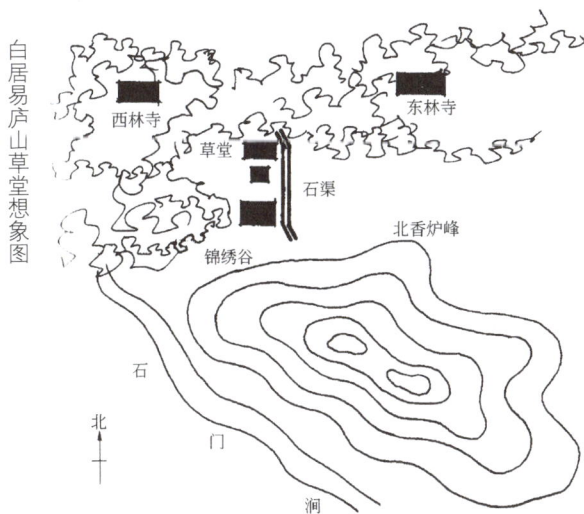

白居易庐山草堂想象图

寺观园林

隋唐时期，寺、观的建筑制度已趋于完善，大的寺观往往是连成一片的庞大建筑群。据史书记载，唐长安城内的寺、观共有152所，建置在77个街坊内。

佛寺建筑均为分院制——由若干个以廊屋围合而成的院落构成建筑群，包括殿堂、寝膳、客房、园林四大功能区，如长安城内最著名、最宏丽的佛寺大慈恩寺。

公共园林

唐代，随着山水风景的大开发，风景名胜区遍布全国各地，在经济、文化比较发达的大城市里一般都有公共园林，作为文人名士聚会饮宴、市民游憩交往的场所。

长安作为首都，有关公共园林的文献记载也比较翔实。

长安城内，开辟公共园林比较有成效的，包括以下三种情况。

一是利用城南一些居住区内的山岗——"原"，比如乐游原；

二是利用水渠转折部位的两岸，建设为以水景为主的游览地，如著名的曲江；

三是在街道上进行的园林绿化。

唐·李昭道《曲江图》（仿）

<table>
<tr><td>乐游原
曲江</td><td colspan="2">长安城东南杜陵原西北部有一条曲江，水流曲折，烟波浩渺，曲江流域南部有峡谷，北部峰峦起伏，西北平坦，森林茂盛，景色瑰丽，自古就是帝王游幸之地。秦汉帝王在这里建了离宫，汉武帝、汉宣帝经常到曲江游赏，江北侧的高地因此被称为"乐游原"。隋唐长安城将曲江北半部包含在城中，这部分仍旧称为"曲江"，又叫曲江池，成为公共化的园林。曲江南半部划为禁苑，水边种植了很多荷花（即水芙蓉），因此叫作"芙蓉池"，禁苑称为"芙蓉苑"。</td></tr>
</table>

隋唐主要园林一览表

类型	朝代	名称	地点	建造者
皇家园林	隋朝	大兴苑（唐禁苑）	大兴	隋文帝
	隋朝	西苑	洛阳	隋炀帝
	唐朝	太极宫、西内苑	长安	唐高祖
	唐朝	大明宫、东内苑	长安	唐高宗
	唐朝	兴庆宫、南内苑	长安	唐玄宗
	唐朝	洛阳宫	洛阳	唐太宗
	唐朝	九成宫	麟游	唐太宗
	唐朝	翠微宫	终南山	唐太宗
	唐朝	玉华宫	长安	唐太宗
	唐朝	卜阳宫	洛阳	唐高宗
	唐朝	华清宫	骊山	唐玄宗
私家园林	唐朝	履道坊宅园	洛阳	白居易
	唐朝	集贤坊园	洛阳	裴度
	唐朝	午桥庄	洛阳	裴度
	唐朝	定昆池	长安	安乐公主
	唐朝	平泉庄	洛阳	李德裕
	唐朝	浣花溪草堂	成都	杜甫
	唐朝	庐山草堂	庐山	白居易
	唐朝	辋川别业	蓝田	王维
	唐朝	嵩山别业	嵩山	卢鸿一
公共园林	唐朝	乐游原	长安	唐高宗
	唐朝	曲江、芙蓉苑	长安	唐玄宗
	唐朝	昆明池	长安	唐德宗
	唐朝	白蘋洲	湖州	颜真卿
	唐朝	西湖	杭州	白居易
	唐朝	东湖	成都	李德裕

"唯有牡丹真国色"
——唐朝赏花风气与武则天的传说

唐朝时期，赏花逐渐成为社会普遍的风气。

随着园艺技术和花卉业的发展，园林花圃成为赏花的主要场所。

皇家御苑里植被丰富，有大量的开花植物，如牡丹、桃花、菊花、梅花等，其中以牡丹最为盛行。

武则天时期，长安与洛阳的宫苑里都大量种植牡丹。

玄宗时期，禁苑里种植了牡丹，后来移栽到兴庆宫沉香亭四周，玄宗与妃嫔经常在亭中赏花。

当时，宋单父精通园艺，特别擅长培育牡丹，他栽培的牡丹花色繁多、形态各异，唐玄宗命令他在骊山之下培育了上万株牡丹。

著名的华清宫（也叫华清池）就位于骊山，里面有芙蓉园，是玄宗与妃嫔观赏牡丹的地方。

除了牡丹之外，唐代宫苑里还种植了大量桃花，在长安玄都观、庐山东林寺等寺观园林里，以及河岸地带也种了很多。

梅花、菊花在唐代已经培育出多种颜色的品种，深受帝王与文人的喜爱，宫廷里已经普遍种植。华清宫里的粉梅坛，就是唐玄宗的赏梅场所。

除了皇家园林外，长安的主要道路上也种植了果树，春天一到，百花竞相开放。

市民家中、寺院以及文人别业之中，种植鲜花的现象非常普遍。

由于需求旺盛，推动了唐朝花卉市场与产业链的发展。名贵的牡丹在唐朝成为奢侈品，个别名贵品种价格不菲。

佛寺道观往往在其园林里培育牡丹等名贵花卉，不仅吸引香客来访，还能通过出售花卉产品赚取一定的经济利润，维持寺观的运营。

在所有的花卉之中，牡丹一枝独秀，备受青睐。因为它花朵很大，香味浓郁，被誉为"国色天香"。

牡丹还有这样一段与女皇武则天的不解之缘——**"武则天贬牡丹"**的故事。

传说，武则天做皇帝的时候，有一年冬天，天寒地冻。武则天在殿内闲来无事，到后花园闲逛。

　　只见花园内一片凋零冷清，毫无生机，心里十分郁闷。她就突发奇想，要是一夜之间，百花齐放，那不是"爽歪歪"。并且自己又是一国之君，下一道圣旨，这花园的花谁敢抗旨不遵？

　　于是她就对着百花下旨说："明天朕还要到花园赏花，你们这些花马上准备开放，给你们一夜的时间，不要再等待春天到了再开啦"。

　　武则天下了圣旨之后，百花都十分焦急。虽然现在是寒冬腊月，但是既然皇帝已经下旨，又有谁敢违抗？抗命的下场大家都能想象得到。

　　第二天，一场大雪纷纷扬扬从天而降，尽管狂风呼啸，滴水成冰，但众花仙还是不敢抗命。只见后苑之中，五颜六色的花朵真的顶风冒雪，绽开了花蕊。武则天目睹此情此景，高兴极了。

　　突然，武则天发现有一片花圃还是凋零如初，不但没开花，连绿叶都没有。

清·郎世宁《仿宋元牡丹图》

看到这种情景，武则天十分生气，就问这是什么花，竟然敢违抗朕的旨意。有人回答说这是牡丹。武则天余怒未消，下令把牡丹贬到洛阳去。

谁知，这牡丹刚到洛阳，便生根发芽，开出美丽的花朵。

武则天知道后更加生气了，下令火烧牡丹。无情的大火映红了天空，棵棵牡丹在大火中痛苦地挣扎、呻吟。

然而，人们却惊奇地发现，牡丹虽枝干已焦黑，但那盛开的花朵却更加艳丽夺目。这也是牡丹被称为"焦骨牡丹"的原因。

牡丹由于其凛然正气和对权贵不低头的傲骨被尊为"百花之王"。慢慢地，洛阳牡丹闻名天下。

华清池
——唐明皇与杨贵妃的爱情圣地

华清宫，是唐代帝王游幸的离宫，也称"华清池"，位于陕西省西安市临潼区。这里因为延续不断的温泉资源、周幽王"烽火戏诸侯"的历史典故、唐明皇与杨贵妃的爱情故事、"西安事变"发生地而享誉海内外。

相传西周的周幽王曾在这里修建离宫。秦、汉、隋各代先后加以重

华清宫平面设想图

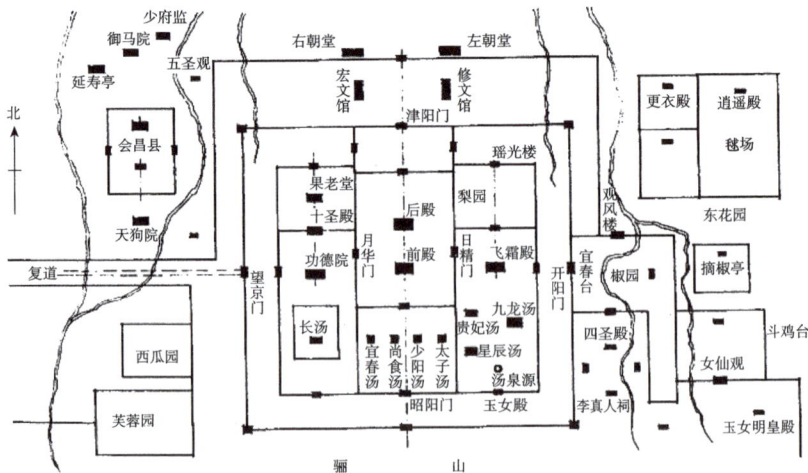

建，到了唐代又数次扩建。最初名叫汤泉宫，后来改名温泉宫。

到了唐玄宗（即唐明皇）时期，又大兴土木，在山上修建了大量的宫殿，设置了很多温泉浴池，这时才称为华清宫。因为宫殿建在温泉上面，所以也称为华清池。

华清宫背靠骊山，面对渭河，凭借山势进行修筑，规模宏大，建筑壮丽，楼台馆殿，遍布骊山上下。

华清宫呈现北宫南苑的格局，宫廷区中央是宫城，是皇帝处理朝政和居住的地方，东、西部是行政与居住辅助场所，南面是园林，北面是平原，中心轴线贯穿南北，园林区有著名的老君殿和长生殿。

唐代华清池是帝王妃嫔游玩的行宫，每年十月到此，第二年春天才返回京城。

唐天宝六年（747年）扩建后，唐玄宗每年都带着杨贵妃到这里过冬沐浴、欣赏景色。据记载，唐玄宗从开元二年（714年）到天宝十四年（755年）的41年时间里，先后来此达36次之多。

华清宫里的温泉沐浴汤池有唐玄宗与杨贵妃沐浴的莲花汤、海棠汤，唐太宗沐浴的星辰汤，太子沐浴的太子汤，官员沐浴的尚食汤等。

海棠汤又叫芙蓉汤，是为杨贵妃修建的沐浴汤池，形如一朵盛开的海棠花。杨玉环就是从这里出发，酿造了千古流传的爱情故事。

同时，这里还有皇室专用的药浴池。据说，杨贵妃能长期赢得"三千宠爱于一身"，唐玄宗李隆基六七十岁仍旧风流倜傥，都与在华清

华清宫鸟瞰示意图

宫长期药浴大有关系。

中国古代有四大美女：西施沉鱼、昭君落雁、貂蝉闭月、玉环羞花。但据野史记载的两种说法，羞花的杨玉环，或者身高1.64米，体重138斤；或者身高1.55米，体重120斤，在今天看来，似乎都达不到美女标准，但在以胖为美的唐朝，这可是丰腴妩媚的绝好身材。

当年，唐玄宗李隆基迷恋天生丽质、倾国倾城的杨玉环，诏她入宫，赐为贵妃。花容月貌、能歌善舞的杨贵妃沐浴海棠汤、慵睡芙蓉帐、醉酒玉楼宴、曼舞长生殿，与玄宗情深意长。

安禄山叛乱后，玄宗携贵妃逃至马嵬坡，被众将士所逼而赐死杨贵

清·李育《出浴图》

明·唐寅《四大美人图》

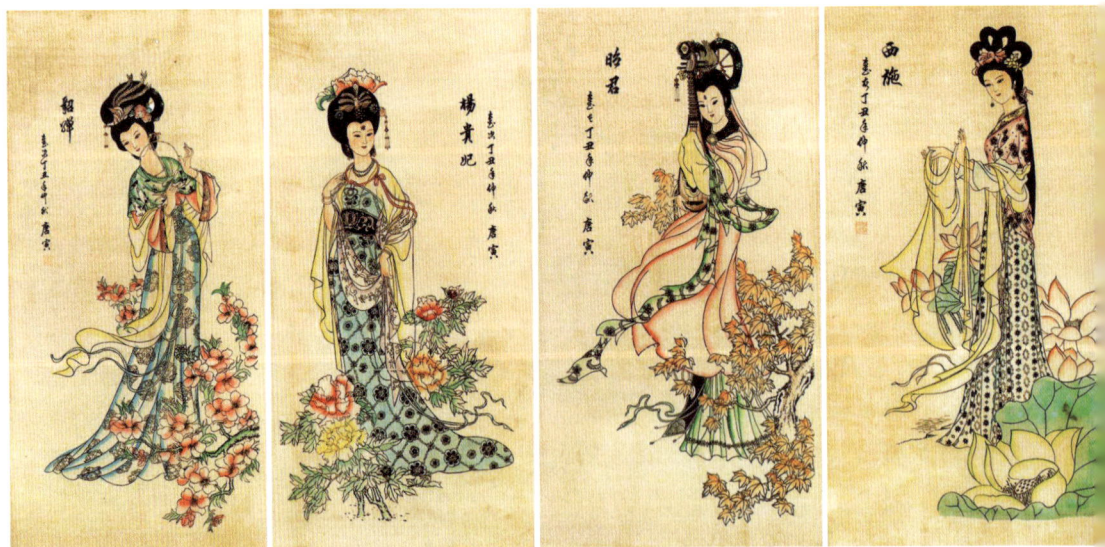

妃。贵妃香消玉殒，玄宗肝肠寸断。

"安史之乱"平息后，玄宗回到长安城。但早已物是人非，只有在无限的惆怅与悲伤之中梦回华清宫，与爱妃相会。

"……在天愿作比翼鸟，在地愿为连理枝。天长地久有时尽，此恨绵绵无绝期。"著名诗人白居易把唐玄宗与杨贵妃的爱情故事写成了千古流传的《长恨歌》。

这曲哀婉动人、缠绵悱恻的爱情神话，至今仍然令人动容。

辋川别业
——山水诗画与山水园林结合的典范

辋川别业是唐代诗人兼画家王维的别业，在陕西省蓝田县西南约20公里处，这里自然地形为山岭环抱，是一个具有山林湖水之胜的天然山谷区。

此处原是诗人宋之问的庄园，后被王维得到，对天然山形水势和植被稍加整治，规划并作局部园林化处理而成。辋川别业是我国历史上著名的庄园，也是唐代庄园的代表。

王维喜欢参禅悟道，精通诗、书、画、音乐等，他写的诗在开元、天宝年间广为流传，尤其擅长五言绝句，诗句多与山水田园有关。他与孟浩然合称"王孟"，有"诗佛"之称。王维的书画很有特色，被后人誉为"南宗山水画之祖"。宋代大诗人苏东坡对他评价很高："诗中有画、画中有诗。"

王维早年仕途顺利，官至给事中。天宝十四年（755年），安禄山叛军占据长安时他未能出走。平叛后朝廷并未追究此事，重新封他为尚书右丞。但王维对这个污点一直耿耿于怀，到了晚年更加淡泊名利，最终辞官终老辋川。

在辋川别业的营建过程中，王维寄情山水，在写实的基础上更加注重写意，创造了意境深远、简约、朴素而留有余韵的园林形式，通过刻意经营，形成二十个景点，成为唐宋时期写意山水园的代表作品。

别业建成之后，王维与好友裴迪在此小住，悠游林泉，吟咏唱和，共写成40首诗，集结为《辋川集》。《辋川集》中记录了二十个景区和景点的景题命名，每个景区或景点都有王维和裴迪唱和的两首诗。

王维精通绘画，园林造景特别重视画意。据传，王维还亲自画了一幅《辋川图》长卷，对辋川别业的天然风景加以描绘。《辋川图》在北宋仍有传承，可惜此图真迹已失传，存世的是后人的摹本。

辋川别业以先后为诗人宋之问、王维的庄园而闻名，以王维的辋川诗画而脍炙人口，它所呈现的是恬淡的田园风味和自然景观，和贵族庄园富丽豪华、人工堆砌的景观形成鲜明反差。

王维的辋川诗与辋川图有景有情，情景交融，平淡而天真，表现了人与自然的和谐之美。园林启发人的诗画灵感，诗情画意又反过来影响造园，发源于南朝的山水诗和山水画，至王维又进入了一个新的境界。

由此可见，辋川别业当之无愧地成为山水诗、山水画与山水园林相结合的杰出典范。

别业中的二十景，大部分以自然景观为主，如松岗（华子冈）、竹林（斤竹岭）、森林（鹿柴）、花林（木兰柴、辛夷坞）、生产性林（漆园、椒园）、柳岸（柳浪）、石滩（白石滩）、槐路（宫槐陌）等。

园中建筑颇为疏朗，除宅舍外，有文杏馆、临湖亭、竹里馆等。从王维的性格、文化素养和经济能力看，别业中的建筑应是小而质朴的，后代传世石刻辋川图中画成精美的楼观是绝不可信的。从王维《辋川闲居》诗中"倚杖柴门外"一句和《归辋川作》中"惆怅掩柴扉"一句两次提到"柴扉"，就可以大体了解辋川别业建筑的特点了。

从四十首诗在《辋川集》中排列的顺序及其前后关系看来，这个顺序大概也就是园内的一条主要游览路线。这条游览路线中的园林景致，基本上是造园主人和他的诗人朋友们寄情山水的所在，也可以看出，辋

明·仇英《辋川十景图》

川的营建是密切结合了其自然环境而形成的。

辋川别业有山、岭、岗、坞、湖、溪、泉、沜、濑、滩以及茂密的植被，总体上以自然风景取胜，建筑物并不多，形象朴素，布局疏朗，而局部园林，则偏重于各种树木花卉大片成林或丛植成景。由此，可领略到辋川的山水园林之美与诗人抒发的感情和哲理的契合，寓诗情于园景之中。

附：辋川别业内重要园林景点名录

孟城坳：山坳内的一座古城堡遗址，王维的住所即在城墙下面，是园林的主要入口。

华子冈：高耸的山岗，坡上种满松树，风起则松涛阵阵。

文杏馆：以文杏木为梁，香茅草作屋顶的厅堂，这是园内的主体建筑物，它的南面是环抱的山岭，北面临大湖。

斤竹岭：山岭上遍种竹林，一弯溪水绕过，一条山道相通，满眼青翠掩映着溪水涟漪。

鹿柴：用木栅栏围起来的一大片森林地段，其中放养麋鹿。

木兰柴：用木栅栏围起来的一片木兰树林，溪水穿流其间，环境十分清幽。

茱萸沜：生长着繁茂的山茱萸花的一片沼泽地。

宫槐陌：两边种植槐树（守宫槐）的林荫道，一直通往名叫"欹湖"的大湖。

欹湖：园内的大湖，可泛舟、水上游玩。

临湖亭：建在欹湖岸边的一座亭子，凭栏可观赏开阔的湖面水景。

南垞：欹湖的游船停泊码头之一，建在湖的南岸。

北垞：欹湖北岸的游船码头，可能还有船坞的建置。

柳浪：欹湖岸边栽植成行的柳树，倒映入水最是婉约多姿。

辋川图

白石滩：湖边白石遍布成滩。

栾家濑：这是一段因水流湍急而形成平濑水景的河道。

金屑泉：泉水涌流激荡呈金碧色。

竹里馆：大片竹林环绕着的一座幽静的建筑物。

辛夷坞：以种植大片辛夷而成景的岗坞地带，辛夷形似荷花。

漆园：种植漆树的生产性园地。

椒园：种植花椒树的生产性园地。

"石头也疯狂"
——历代文人赏石、爱石的故事

赏石艺术在中国有着悠久的历史，同时也因为历朝历代文化名人的赏玩和传播，使得中华赏石艺术形成了鲜明的民族特色和丰富的文化内涵。

文人雅士赏石的风气，最早可以追溯到晋代"**陶渊明醉卧醒石的传说**"。

相传，陶渊明住宅旁边的菊花丛中，有一块非常平滑的大石头，长和宽都差不多有一丈多，陶渊明格外喜欢它。

这位大诗人每逢贪杯喝醉了，就蹒跚走到大石头旁边，然后躺在上面。这个时候，他往往在欣赏菊花之余，诗兴大发，写下一首首耐人寻味的诗篇。

后来，他感到这块大石头能让他醒酒，能让他提神，又能让他有写诗的灵感，于是对这块大石头充满了感情，给它取名为"醒石"。

陶渊明与醒石结缘，使后代文人赞叹不已，引起他们浓厚的兴趣和遐思。

到了唐朝，赏石的风气更加流行，就赏石文化名人来说，白居易、牛僧孺和李德裕可以说是杰出的代表。

首先说说白居易、牛僧孺赏石成绝唱的故事。

白居易写的诗有3000多首流传至今，其中有《双石》《太湖石》《莲石》《问友琴石》等咏石诗作多篇。作为诗人，白居易在玩石、写石、咏石中，不但注入了自己的许多想象、联想和精神寄托，从赏石中引发出种种对人生的感悟，更珍贵的是融进了他的赏石方法、理念以及他对赏石文化的理解，因而他的石诗、石文对后世的赏石理念、赏石方法均有深远的影响。

白居易既是一位伟大的诗人，也是造诣颇深的园林理论家和造园家。唐代文人园林里的假山，以土山为主，也有土石相间的土石山，单纯用石块堆叠的石山还不多见，但由单块石料或者若干块石料组合的"置石"比较普遍。白居易是最早肯定"置石"美学意义的人，认为太湖石是第一等的园林石材。

他晚年辞官闲居洛阳，与石为友，常与告老定居洛阳的一代名相牛僧孺一道赏石、咏石，结下了深厚的友谊。《太湖石记》就是为纪念他们之间的友谊而写的。

牛僧孺是历史上最早的太湖石收藏家。是他促进了对太湖石的开采和对太湖石审美价值的宣扬，太湖石问世之初及后来被誉为"千古名石"，牛僧孺做出了不可磨灭的贡献。

《太湖石记》是中国赏石文化史上第一篇全面阐述太湖石收藏、鉴赏方法和理论的散文，是中国赏石文化史中一篇重要的文献。

白居易在《太湖石记》一文中，曾经提到牛僧孺痴迷太湖石的情形：牛僧孺在洛阳为官时，城东和城南建了一处宅邸和别墅，其中堆叠了大量的太湖石峰，"游息之时，与石为伍"，"待之如宾友，亲之如贤哲，重之如宝玉，爱之如儿孙"。牛僧孺还把太湖石按其大小分为甲、乙、丙、丁四类，每类分别品评为上、中、下三等，并刻在石头表面，比如"牛氏石甲之上"之类，首开品石的先河。

牛僧孺为官清正廉洁，高风亮节，但对奇石赠礼却从不拒绝。苏州刺史李道枢曾送给他一块太湖石。这块石头神形绝伦，可谓上品，牛僧孺欣然接受，而且特邀赏石家白居易、刘禹锡一起观看，同享赏石之乐，并高兴地赋诗助兴。

再来谈谈牛僧孺、李德裕癖石传佳话的典故。

牛僧孺、李德裕两人在晚唐都曾官居宰相的高位，他们之间在政见上相互敌对排斥长达40年之久，是晚唐政局中有名的"牛李党争"的两派主要代表人物，但是两人却有着共同的奇石癖好。

与牛僧孺痴迷太湖石相比，李德裕有过之而无不及。李德裕在洛阳城郊建了一座平泉山庄，广泛收集天下的花草和怪石陈列在园林中，供赏玩之用，成为当地的一大景观。

他采集自各地的各种奇石，如太湖石、泰山石、巫山石、罗浮山石等，并精心布置成名山大川的形状。在搜集、鉴赏奇石的同时，李德裕还写下了多篇咏石的诗文，如《题奇石》《似鹿石》《海上石笋》《叠石》《泰山石》《巫山石》《罗浮山》《钓石》《忆平泉树石杂咏》等。

李德裕对这些奇石异木十分珍爱，曾为后代立下训诫："后代之中卖掉平泉山庄的，就不是我的子孙；将山庄里的一棵树、一块石头送人的，也不是一个好子孙！"❶每次得到一块奇石，李德裕都会进行品题，并在石头表面镌刻"有道"两个字，大概是表示"此中有真意"的意思吧。

牛僧孺与李德裕同为唐朝著名的藏石大家，他们虽然作为政敌，但由于二人共同的爱石趣味，掀起了中唐时期收集、鉴赏奇石的风潮，并传为千古佳话。

历代文人对园林的喜爱、对奇石的迷恋，是一脉相承的。在宋朝，还出了一个"米芾拜石"的故事。

❶ 原文为："鬻（yù）平泉者，非吾子孙也；以平泉一树一石与人者，非佳子弟也！"

米芾是宋代大书法家，他的书画造诣非常高，宋徽宗时官居书画学博士。他一生博雅好石，精于鉴赏。他生性诙谐古怪，有洁癖，有人赠诗给他："衣冠唐制度，人物晋风流。"

米芾对石头的喜好，简直到了如痴如癫，无以复加的程度。他因为整日醉心于品赏奇石，以至于荒废公务，好几次遭到弹劾，但他仍然迷石如故，丝毫没有悔改之意。

有一次，他任无为州监军，见到衙署内有一块立石十分奇特，高兴得大叫起来："这块奇石实在值得我顶礼膜拜！"于是命下人为他换了官衣官帽，手握朝板跪倒便拜，并尊称此石为"石丈"。这件事很快就传播开来，人们都觉得他的行为非常滑稽。

后来他又听说城外河岸边有一块奇丑的怪石，便命令衙役将它移进州府衙内，米芾见到此石后，大为惊奇，竟然得意忘形，跪拜于地，说道："我想见石兄二十年了！"

还有一次，他得到一块端石砚山（一种天然形成的状如峰峦的砚石）爱不释手，竟然接连三天抱着它入睡，并请好友苏东坡写文章来记录此事。

米芾听说安徽的灵璧县出产奇石，便向朝廷请求到邻近灵璧的涟水县做官。到涟水后，他一心收藏奇石，并给每一块奇石赋诗一首。他玩石玩得神魂颠倒，整日待在书屋里不出来，有时一连几天不理公务。按察使杨次公去见他，劝他不能因为石头荒废政事。米芾接连取出几块奇石，一块比一块更妙，在杨次公面前展示说："这样的石头，我怎能不爱？"谁知，杨次公突然从米芾手上抢下石头，说道："这样的奇石并不是你一个人爱，我也很爱。"便上车"逃"走了。

米芾的后人、十六世孙，明代书画家米万钟也爱石成癖，时称"友石先生"。他醉心于收藏石头，痴迷劲儿不在人称"米癫"的先祖之下。

文人的大舞台：
宋代园林

一直被模仿，从未被超越

宋朝（960—1279年）分为北宋和南宋两个阶段，共有十八位皇帝，历时三百一十九年，两次遭到灭亡，都是由于外族入侵，是唯独没有因为内部战乱灭亡的王朝。

后世虽然有人认为宋朝非常贫困和弱小，但宋朝民间的富足与社会经济的繁荣其实远远超过盛唐。

别不信，有图有真相。

画家张择端的《清明上河图》便是北宋时期东京汴梁当年繁荣的见证，也是北宋城市经济情况的写照。后世很多画家都有模仿版本。

宋朝是中国文化发展的顶峰时期。

两宋文学的成就表现在古文运动和宋词、宋诗的发展上。

古文运动是宋朝初年的诗词改革运动，主要内容是提倡新的文风，反对浮华、奢侈、萎靡的文风，领导者为大文学家欧阳修。

两宋时期文学的最大成就体现在宋词的创作上。宋词是宋朝文学的标志性体裁。词是曲子词的简称，也称长短句。根据《全宋词》的记录，宋朝词人达到一千三百三十家，作品及残篇总计达到两万零四百多首。著名的词人有柳永、苏轼、李清照、辛弃疾等。

宋诗虽不如唐诗，但远在明清之上。著名诗人有欧阳修、王安石、苏轼、陆游、黄庭坚等。苏轼的诗变化多端，雄放洒脱。他吸收前朝所有诗人的手法，并擅长各种诗体，尤其是古体与七言近体，可谓别开生面，奔放灵动，成为宋诗的一代宗师。

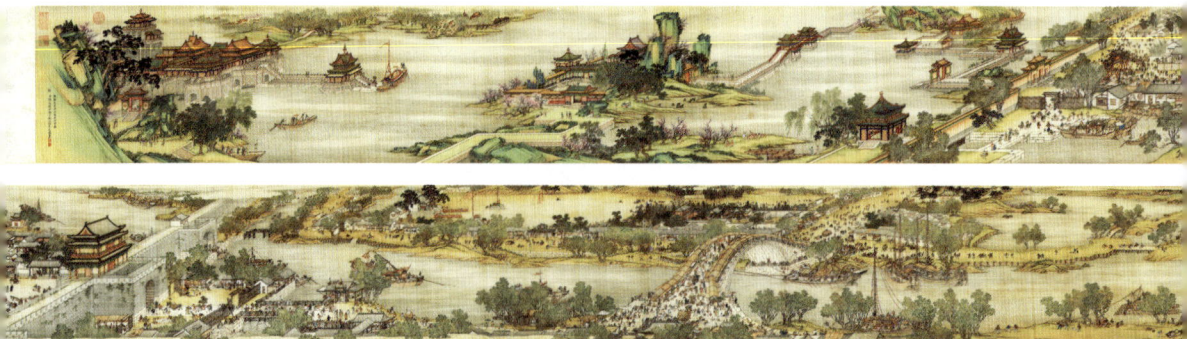

清·宫廷画院《清明上河图》

宋代园林思维导图

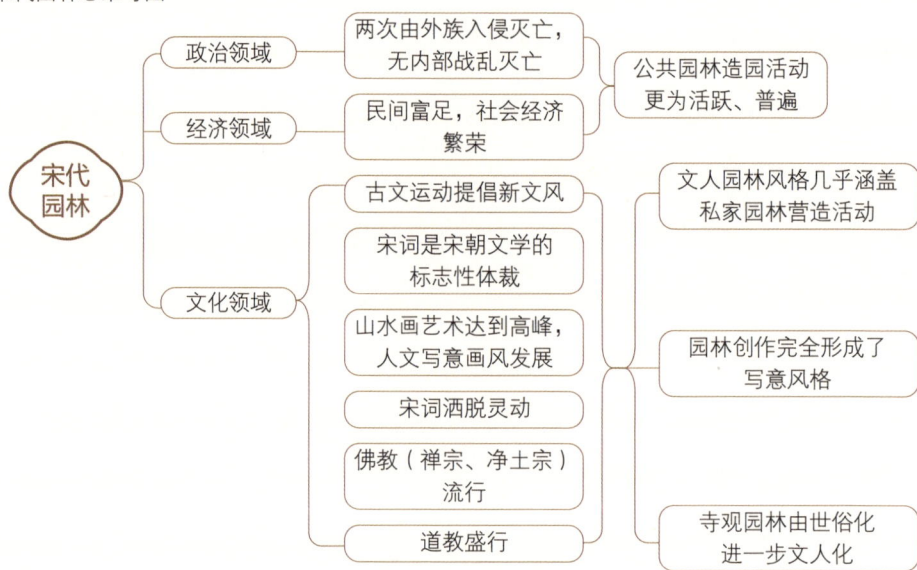

```
                    ┌─ 政治领域 ─── 两次由外族入侵灭亡，
                    │               无内部战乱灭亡        ┌─ 公共园林造园活动
                    │                                     │  更为活跃、普遍
                    ├─ 经济领域 ─── 民间富足，社会经济 ───┘
  ┌─────┐           │               繁荣
  │宋代 │───────────┤
  │园林 │           │              ┌─ 古文运动提倡新文风        ┌─ 文人园林风格几乎涵盖
  └─────┘           │              │                           │  私家园林营造活动
                    │              ├─ 宋词是宋朝文学的 ────────┘
                    │              │  标志性体裁
                    └─ 文化领域 ───┤  山水画艺术达到高峰，      ┌─ 园林创作完全形成了
                                   ├─ 人文写意画风发展 ────────┤  写意风格
                                   │                           │
                                   ├─ 宋词洒脱灵动 ────────────┘
                                   │
                                   ├─ 佛教（禅宗、净土宗）      ┌─ 寺观园林由世俗化
                                   │  流行 ────────────────────┤  进一步文人化
                                   └─ 道教盛行 ─────────────────┘
```

　　宋朝皇帝特别重视书画艺术，在宫廷设立了翰林画艺局、翰林图画院与画学。宋代绘画主要分为山水画、人物画、花鸟画三大类。中国山水画到宋朝向着多方面发展，派别林立，画家辈出。北派山水画代表画家有荆浩、关仝、范宽、李成、郭熙、王诜等；南派山水画代表画家有董源与巨然，将中国山水画推向了高峰。

110

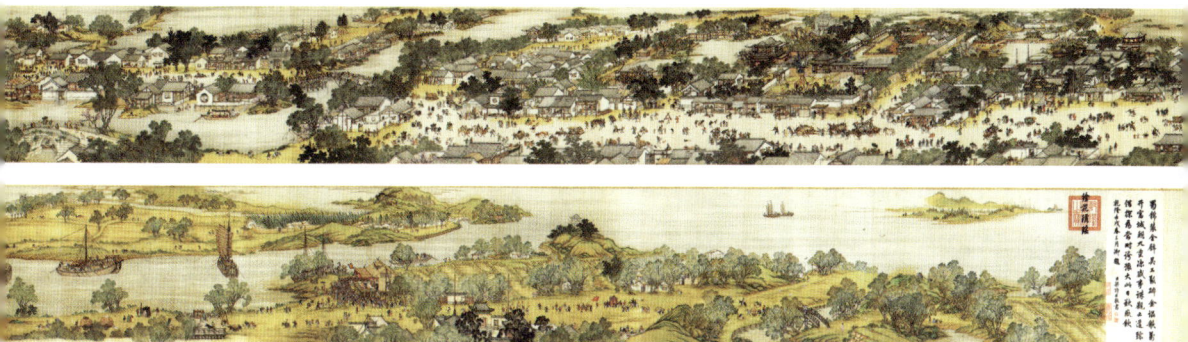

宋徽宗赵佶的书法和绘画在中国艺术史上都有重要地位。宋徽宗时，科举考试的内容就是绘画。

可见，两宋时期，经济发达，文化璀璨，是我国封建社会市民文化高度发展的时期，是属于文人最好的时期，也是历朝历代中文化风气最接近当代社会的时期，社会束缚最小，文人地位最高，造园艺术达到了前所未有的水平，臻于完全成熟的境地。

所以，两宋时期的皇家园林更多地受到文人园林的影响，皇家气派较少，出现了比任何时期都更接近私家园林的倾向，部分皇家园林还定时对民众开放。

这一时期的三大园林类型中，私家园林最为突出，基本上都属于文人园林。文人园林的兴盛，成为中国古典园林达到成熟阶段的一个重要标志。

由于禅宗哲理以及人文画写意画风的直接影响，南宋时期的园林创建已经完全形成了写意风格。文人诗词绘画更多地融入园林创建之中，使得文人园林作为一种风格几乎涵盖了私家园林营造活动。

宗教方面，宋朝佛教有了进一步发展。宋太祖赵匡胤登基后，马上下令保护各地寺院。佛教各派中，以禅宗和净土宗最为流行，并远传到日本。道教颇为盛行，宋朝历代皇帝多信奉道教。受到文人园林的影响，寺观园林由世俗化而更进一步文人化，文人园林的风格也涵盖了绝大多数寺观园林。

此外，公共园林虽然不是造园活动的主流，但比上代已更为活跃、普遍。

文人园林的巅峰期

欲把西湖比西子，
淡妆浓抹总相宜。

——北宋·苏轼《饮湖上初晴后雨二首·其二》

皇家园林

两宋时期，是中国经济与文化高度发展的时期，筑山理水和建筑技艺高超，出现了园林营造的高潮。

宋朝皇帝设置了应奉造作局，专门负责搜集奇花异石和营造宫苑。

宋朝的皇家园林以北宋东京汴梁（今开封）和南宋京城临安（今杭州）最发达，包括大内御苑和行宫御苑两种类型。

这一时期的皇家园林规模远不如唐代那么大，也没有唐代那样远离都城的离宫御苑；但在规划设计上则更精密细致，更多地接近民间私家园林。

东京汴梁是北宋国都，东京的大内御苑有后苑、延福宫和艮岳，行宫御苑为宋初修建的东京四苑：玉津园、琼林苑、宜春苑和金明池。

北宋·张择端《金明池夺标图》

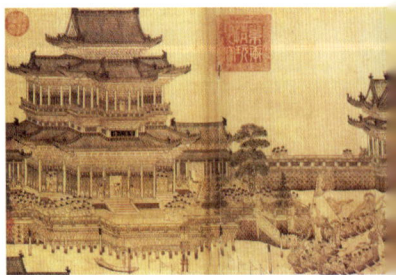

元·王振鹏《龙池竞渡图》

后苑	北宋初年，宋皇室将宫城西北部后周时期的御苑改造成大内后苑，苑内楼阁林立，奇峰怪石，富丽堂皇。
延福宫	政和三年（1113年），宋徽宗命令童贯、杨戬、贾详、何诉、蓝从熙等五名宦官在宫城北门外营建延福宫，宫殿林立，花木繁盛，奢华无比。
艮岳	有道士向徽宗进言，说在京城东北角堆山可以多生男孩子，于是徽宗命令宦官梁师成修筑万岁山，并开挖了水池，引来水源，大量修建宫苑，栽植奇花异草，还命令朱勔特地从江南地区搜集奇石，以"花石纲"的方式运到京城，在宣和四年（1122年）建成了著名园林艮岳。靖康元年（1126年），金兵围攻东京，因冬季寒冷城内缺乏柴火，百姓涌入艮岳，拆毁建筑作为取暖的木料，艮岳遭到完全破坏。
玉津园	北宋初年，南薰门外后周的御苑改造成为玉津园，园内果木繁盛，饲养有珍禽异兽。
琼林苑	乾德二年（964年），在外城西侧营造了琼林苑，内设球场，筑有假山，栽种人量的果木花卉，是皇家的花苑。
宜春苑	宋太宗三弟秦王别墅园，在新宋门外建了苑林，后来收归大内，改为宜春苑，栽种大量花卉，成为皇家花圃。
金明池	琼林苑旁边的金明池是后周世宗和宋太宗操练水军的场所，政和年间，宋徽宗在池边营建殿宇，增加绿化，形成金明池御苑，常在水上开展娱乐活动。

北宋被金国灭亡后，宋高宗辗转逃到临安，以临安为都城，以西湖为中心建设皇宫。此时的大内御苑是**后苑**。

西湖周边分布着大量行宫御苑，如**德寿宫、集芳园、延祥园、玉津园、聚景园**等。

著名的"西湖十景"也是在这一时期形成的。

后苑 临安是南宋都城，宋高宗在宫城北半部凤凰山建了后苑，花木非常繁盛，是南宋唯一的大内御苑。

德寿宫 绍兴三十二年（1162年），宋高宗将临安城东秦桧府邸改建为德寿宫，宫苑内凿池筑山、树木葱郁，有四个不同特色的景区。德寿宫后圃名为"富景园"，里面有孔雀园、茉莉园、百花池，是皇家的花圃和养殖禽鸟的园林。

集芳园 西湖边是行宫御苑比较集中的地方，如西湖北葛岭南坡原来的张氏别墅园，绍兴年间收归官府，改名集芳园，成为宋高宗喜好的行宫御苑。

延祥园 绍兴十四年（1144年），宋高宗命令太傅韦渊在孤山营建延祥观，迁走原有的孤山寺院，在观内建了北极四圣殿，并开辟了延祥园，园内有湖山景观，并建了清远堂、蓬莱阁、香月亭等。

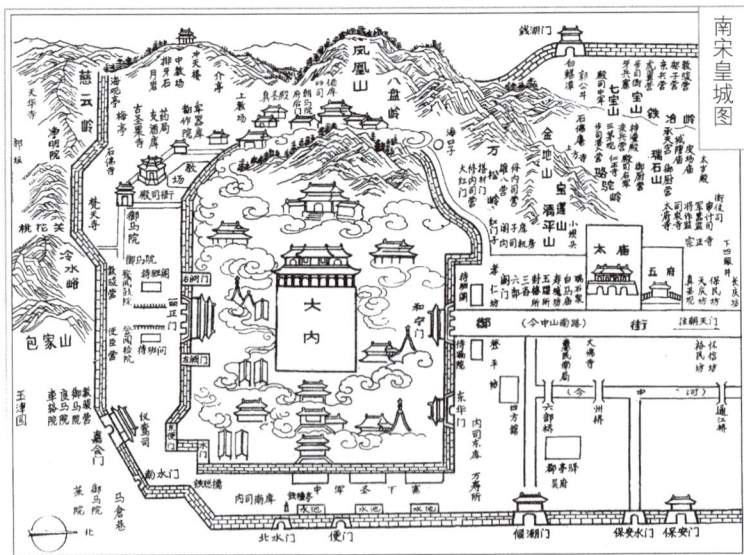

南宋皇城图

玉津园　绍兴十七年（1147年），在洋潘桥附近营造了玉津园，作为款待宾客的场所。

聚景园　宋孝宗赵眘（shèn）为了奉养高宗，在清波门外西湖东岸建了聚景园，种植了很多柳树，并为此拆除了兴福寺、法喜寺等九座寺院。

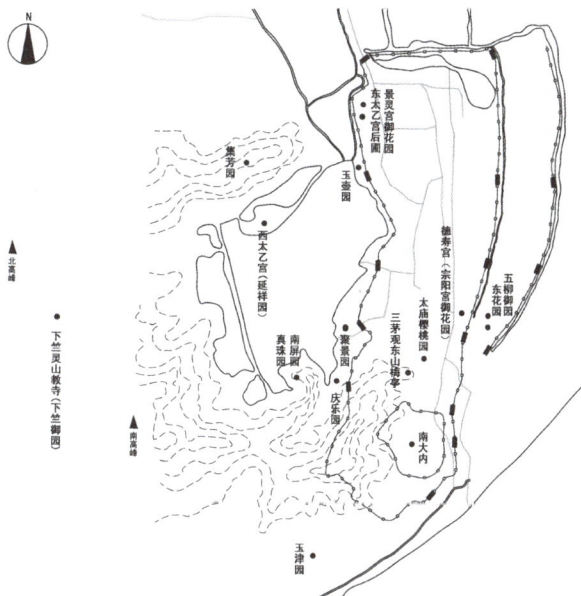

南宋临安城主要皇家园林分布图

南宋·刘松年《四景山水图卷》

（杭州的一年四季景观）

私家园林

两宋时期，北方私家园林以洛阳为代表，南方私家园林以扬州、平江（今苏州）、吴兴（今湖州）、临安（今杭州）为代表。

洛阳是北宋的西京，洛阳园林是中原私家园林的代表，北宋文学家李格非撰写的《洛阳名园记》中记载的园林约有19处，大多是在唐代园林的基础上重建和改建的，技术上更加重视花木的栽培和观赏性。

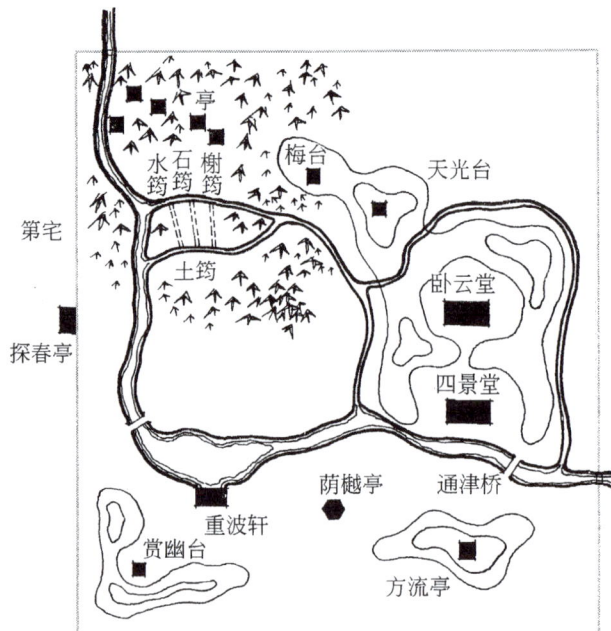

富郑公园平面想象图

第宅

亭

水石榭筜筜筜

梅台

天光台

探春亭

土筜

卧云堂

四景堂

荫樾亭

通津桥

重波轩

赏幽台

方流亭

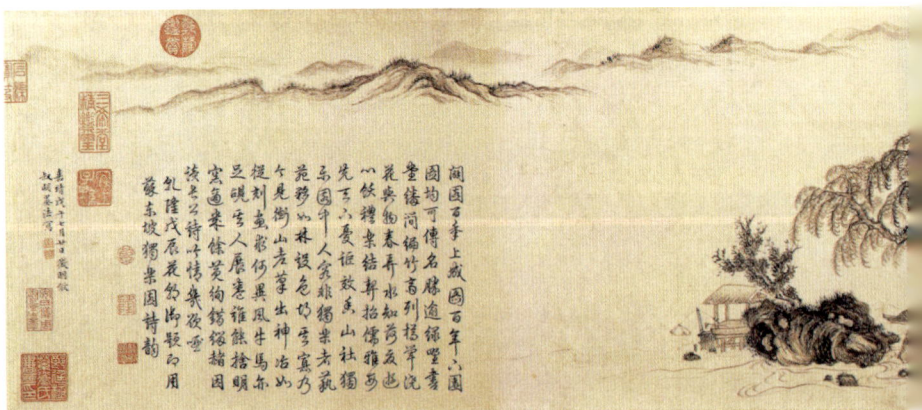

明·文徵明《司马光独乐园图》

代表性的园林有富郑公园、独乐园、刘氏园、丛春园等。

富郑公园　北宋西京洛阳的私家园林星罗棋布。如宰相富弼新建的宅园，称为"富郑公园"，园内有池沼、假山和建筑，植被葱郁。

独乐园　司马光建的独乐园，内有池沼、堂轩和大片的竹林，并设置了花圃和菜圃，风格简朴。

刘氏园　右司谏刘元瑜建的刘氏园，精致工整，花木繁多。

丛春园　门下侍郎安焘建的丛春园，内有丛春亭和先春亭。

宋朝扬州园林的营造开始兴盛起来。代表性的私家园林有朱氏园、丽芳园、壶春园、秋声馆、矗云亭等。

除了私家园林外，还有不少公署官衙园林，如欧阳修在蜀冈上营造的平山堂、周淙在九曲池池畔营造的波光亭，以及贾似道在扬州兴建的郡圃，里面营造山水、亭台楼阁，异常奢华。

平江是两宋文化中心之一。文人将诗画意境融入园林，私家文人园林有50多处，大多属于归隐江湖与回归田园的主题，如苏舜钦的沧浪亭、蒋堂的隐圃、叶清臣的小隐堂、程致道的蜗庐、胡元质的招隐堂、范成大的石湖别墅等。

宋·平江府图

吴兴临近太湖，经济发达，文化氛围浓厚，是江南主要城市之一，城内有不少代表性的私家园林。

南宋文学家周密的《癸辛杂识》中有"吴兴园圃"一段文字，后来有人将这部分内容出版了单行本《吴兴园林记》，里面记述了周密亲自游览过的吴兴园林36处，其中最有代表性的是南沈尚书园、北沈尚书园，即南宋绍兴年间尚书沈德和的一座宅园和一座别墅园。

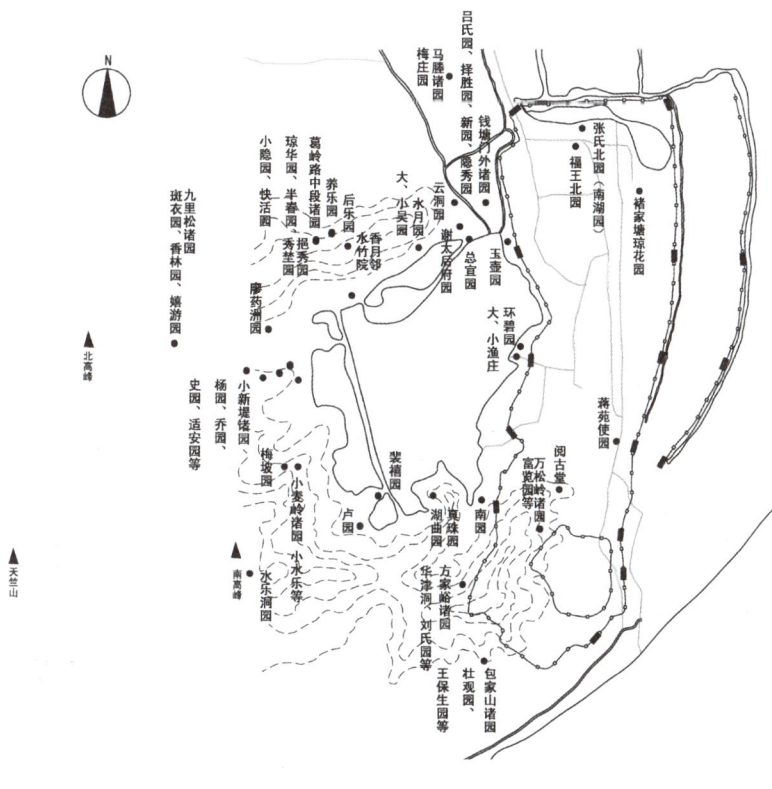

南宋临安城主要私家园林分布图

119

临安作为南宋都城，王公贵戚、将相大臣也竞相攀比，炫耀财富，修筑自己的宅园。

西湖一带的私家园林，古籍《武林旧事》卷五记述了45处，《梦粱录》卷十九记述了16处。除了比较集中在环湖四周之外，还有一些散布于湖西的山地以及北高峰、三台山、南高峰等地。

临安代表性的私家园林有南园、水乐洞园、水竹院、后乐园等。

寺观园林

宋代寺观园林由世俗化进而达到文人化的境地，它们和私家园林相比，除了还保留一些烘托佛国仙界的功能外，其他基本差不多。

南宋临安的西湖一带，是当时国内佛寺建筑最集中的地区之一，也是寺庙建设与山水风景开发相结合的比较有代表性的地区。

在为数众多的佛寺中，一部分位于沿湖地带，其余分布在南北两山。它们都能够因山就水，选择风景优美的地址，建筑布局结合山水林木的局部地貌，形成园林化的环境。

因此，佛寺本身也就成了西湖风景区的重要景点，代表性的有灵隐寺、韬光庵、净慈寺等。

灵隐寺

净慈寺

南宋临安城主要寺观园林分布图

N

嘉岭诸寺
寿星寺、宝云寺、
定业院、玛瑙宝胜院
宝严院、报恩院、广化院
保叔塔崇寿院
广寿慧云禅寺　兴福寺
东太乙宫
白莲寺
菩提院
吉祥院
天申万寿圆觉教寺
显慈集庆教寺
九里松诸寺
（大昭庆寺）
永宁崇福院
西太乙宫
延祥观
宗阳宫
石笋普圆院
景德灵隐寺
灵芝崇福寺
显应观
三茅观东山梅亭寺
七宝院
北高峰
雷峰塔
旌德观
净林广福院
旌德显庆教寺
寒岩崇寿寺
梵天寺
灵鹫兴圣寺
下兰灵山教寺（时思荐福寺、下兰御园）
南高峰
报恩光孝禅寺（净慈）
西林法惠院
中天兰天宁寿永祚禅寺
龙井延恩衍庆院
太清宫
石屋洞（大仁院）
水乐洞（水乐净化院）
烟霞洞（清修院）
表忠观
上天兰三灵感观音寺
天兰山
慈恩开化教寺
灵泉广福院
祖塔法云院
真圣观

公共园林

公共园林的兴盛，是社会富足安定的体现。东京汴梁的皇家别苑，如金明池和琼林苑，经常开放给普通市民游玩，在一定程度上承担了城市公共园林的职责。

宋朝公共园林发展迅速，以南宋临安的西湖为代表。

西湖，处在南、北两山的三面环抱之中，历经晋、隋、唐、北宋的开发整治，已初具规模，再经过南宋的继续开发、建设而成为城郊风景名胜游览地，也相当于一座特大型公共园林——开放性的天然山水园林。

建在环湖一带的众多小园林则相当于大园林中的景点——"园中之园"。其中既有私家园林，也包括皇家园林和少数寺庙园林。

各个园林因地制宜进行布置，充分借助湖光山色，开拓视野和意境。

沿湖四周，繁花似锦，点缀成一个色彩缤纷的巨大花环。绿荫中时隐时现的是各式各样的亭台楼阁、园林景观，诗情画意之美尽显其中。

所以说，西湖一带的园林分布虽然不一定有事先的总体规划，但从各个园林选址以及皇家园林、私家园林相对集中分布的情况来看，确实是充分考虑到湖山整体的功能分区和景观效果，并以之作为前提的。

南宋·宫廷院画《西湖繁盛全景图》：石佛庵（左）至净慈寺（右）段

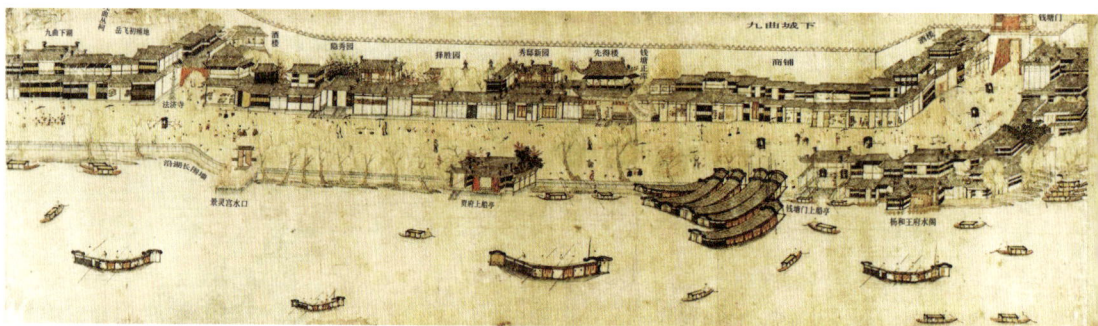

南宋·宫廷院画《西湖繁盛全景图》：法济寺（左）至钱塘门（右）段

南宋·李嵩《西湖图卷》

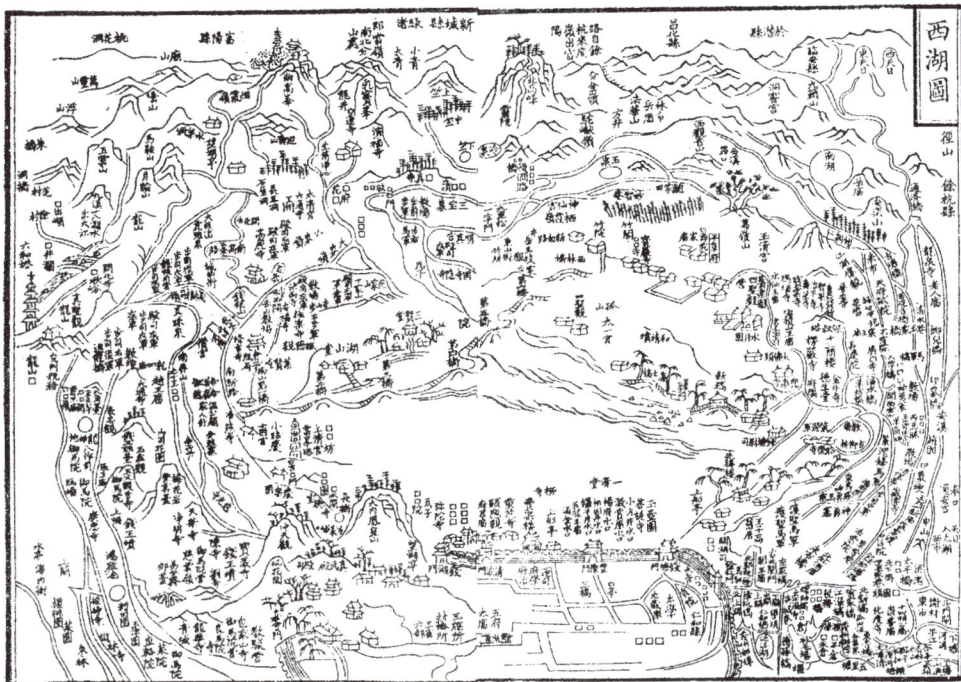

南宋·西湖图

西湖圖

徑山 徐杭縣

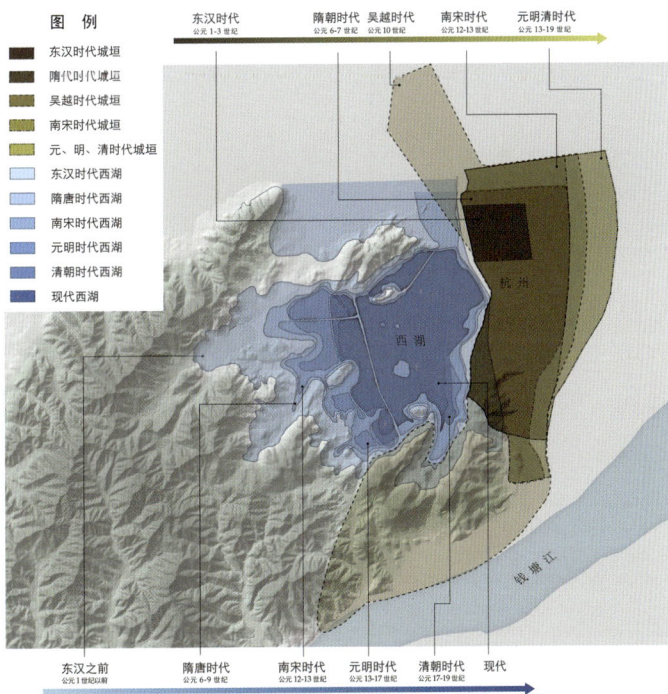

各朝代杭州城区与西湖范围变迁图

图例

- 东汉时代城垣
- 隋代时代城垣
- 吴越时代城垣
- 南宋时代城垣
- 元、明、清时代城垣
- 东汉时代西湖
- 隋唐时代西湖
- 南宋时代西湖
- 元明时代西湖
- 清朝时代西湖
- 现代西湖

东汉时代
公元1-3世纪

隋朝时代
公元6-7世纪

吴越时代
公元10世纪

南宋时代
公元12-13世纪

元明清时代
公元13-19世纪

杭州

西湖

钱塘江

东汉之前
公元1世纪以前

隋唐时代
公元6-9世纪

南宋时代
公元12-13世纪

元明时代
公元13-17世纪

清朝时代
公元17-19世纪

现代

宋代主要园林一览表

类型	朝代	名称	地点	建造者
皇家园林	北宋	后苑	汴梁	宋真宗
	北宋	延福宫	汴梁	宋徽宗
	北宋	艮岳	汴梁	宋徽宗
	北宋	撷芳园（龙德宫）	汴梁	宋徽宗
	北宋	撷景园（宁德宫）	汴梁	宋徽宗
	北宋	玉津园	汴梁	宋太祖
	北宋	琼林苑	汴梁	宋太祖
	北宋	宜春苑	汴梁	宋太祖
	北宋	芳林园（潜龙园）	汴梁	宋太宗
	北宋	金明池	汴梁	宋徽宗
	南宋	后苑	临安	宋高宗
	南宋	德寿宫	临安	宋高宗
	南宋	集芳园	临安	宋高宗
	南宋	延祥园	临安	宋高宗
	南宋	玉津园	临安	宋高宗
	南宋	聚景园	临安	宋孝宗
	南宋	玉壶园	临安	宋理宗
私家园林	北宋	蔡太师园	汴梁	蔡京
	北宋	西园	汴梁	王诜
	北宋	有竹堂	汴梁	李格非
	北宋	静渊庄	汴梁	李遵勖
	北宋	富郑公园	洛阳	富弼
	北宋	独乐园	洛阳	司马光
	北宋	刘氏园	洛阳	刘元瑜
	北宋	丛春园	洛阳	安焘
	北宋	环溪	洛阳	王拱辰
	北宋	苗帅园	洛阳	苗授
	北宋	西园、东园	洛阳	董俨
	北宋	归仁园	洛阳	牛僧孺
	北宋	沧浪亭	平江	苏舜钦
	北宋	乐圃	平江	朱长文
	北宋	五亩园、桃花坞别墅	平江	章粢
	南宋	南园	临安	韩侂胄
	南宋	桂隐林泉	临安	张镃
	南宋	白云洞	临安	杨和王
	南宋	水月园	临安	杨和王
	南宋	水乐洞	临安	贾似道
	南宋	水竹院	临安	贾似道
	南宋	后乐园	临安	贾似道
公共园林	北宋	平山堂	扬州	欧阳修
	北宋	醉翁亭	滁州	欧阳修
	北宋	丰乐亭	滁州	欧阳修
	北宋	西湖	颍州	欧阳修
	南宋	西湖	临安	苏东坡
	南宋	苍坡村	南溪	李自实

中国古代艺术巅峰的巅峰
——宋徽宗及其"艮岳"

宋代绘画是中国古代艺术的巅峰，而宋徽宗则是这座巅峰的巅峰。

宋徽宗赵佶，宋朝第八位皇帝。徽宗在位期间，过分追求奢侈生活，在南方采办"花石纲"❶，搜集奇花异石运到东京汴梁修建园林宫苑艮岳。在宋徽宗的腐朽统治下，内部农民起义风起云涌，梁山起义和方腊起义先后爆发，北宋统治危机四伏。

宋徽宗赵佶

宋徽宗的一生充满戏剧性，他在位期间过着极其享乐、腐败糜烂的生活，有"青楼天子"之称。他整年写字、作诗、画画、听歌、看舞，对治国理政、用人之道既无能为力，又漠不关心，将政治大权错误地交给了奸臣，最终导致国破家亡，他自己也被金国俘虏，死于他乡。

但是，一败涂地的政绩并不能掩盖他在艺术领域的辉煌。

从文化史、艺术史上来看，赵佶有其光辉的一页，在艺术上的造诣，以及为推进中国美术发展所做的贡献，是巨大的，也是必须加以肯定的。因此可以说，宋徽宗是中国历代帝王中艺术天分最高的艺术型皇帝。

他热爱画花鸟画，对绘画的爱好十分真挚，积极利用皇权推动绘画发展，使宋代的绘画艺术达到空前的高度。他还是中国书法史上的开宗立派者之一，有着不可替代的艺术地位。其擅长楷书、草书，尤以瘦金书见长。"瘦金"也有"瘦筋"的意思，意即剔肉去肥，抛筋露骨。其结体是内紧外松，撇捺开张，字形方正，笔画特点是瘦硬刚健、劲爽挺拔。

皇室对艺术的重视和投资，在宋徽宗时期达到最高境界。这和徽宗本人的书法绘画天才有直接关系。徽宗做了两方面工作：一是收藏名画，把古代的一千五百件作品辑成十五册，称为《宣和睿览集》；二是在朝中分设"书

❶ "花石纲"是宋徽宗时期专门运送奇花异石以满足皇帝喜好的特殊运输交通名称。宋代陆运、水运各项物资大都编组为"纲"，如运马者称"马纲"、运米者称"米饷纲"。马以五十匹为一纲，米以一万石为一纲，水运十艘船称一纲。当时指挥花石纲的有杭州"造作局"、苏州"应奉局"等，奉皇上之命对江南地区的珍奇文物进行搜刮。

松风吟徵调高宽下桐
仰窥低审含情客
以听无纷一享十
白京译题

聽琴圖

宋徽宗《听琴图》

学""画学"等名目，提高宫廷艺术家的身份。

宋徽宗于崇宁三年（1104年）设立了画学，正式将"艺考"纳入科举考试之中。而且，他还亲自出考题，成为史无前例，又后无来者之创举。因此，留下了"踏花归来马蹄香"和"深山藏古寺"等众多佳话。

有一天，徽宗踏春归来，雅兴正浓，便以"踏花归来马蹄香"为题，在御花园举行了一次别开生面的画考。

这里的"花""归来""马蹄"都很好表现，只有"香"是无形的东西，用画很难表现。

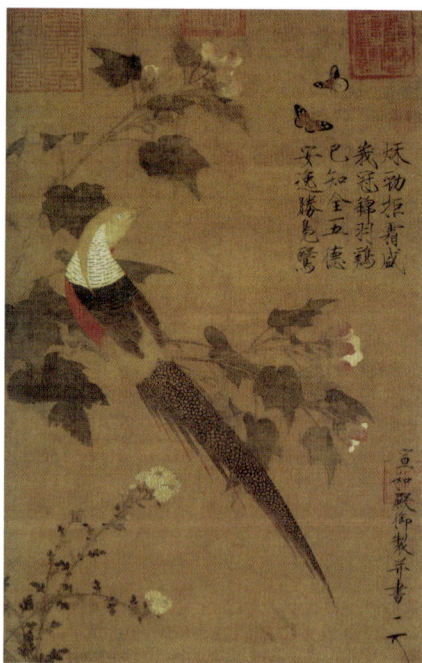

宋徽宗《芙蓉锦鸡图》

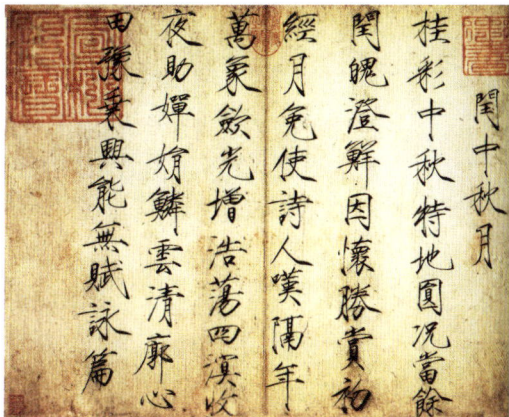

宋徽宗《闰中秋月诗帖》（瘦金体）

许多画师虽有丹青妙手之称，却面面相觑，无从下笔。

有的画的是骑马人踏春归来，手里捏着一枝花；有的还在马蹄上面沾着几片花瓣，但都表现不出"香"字来。

唯独有一名青年画师的画构思很巧妙：几只蝴蝶飞舞在奔走的马蹄周围，这就形象地表现了踏花归来，马蹄还留有浓郁的馨香。

宋徽宗俯身细看，拍着手大加赞赏："妙！妙！妙！"接着，他评价说："此画之妙，妙在立意妙而意境深。把无形的花'香'，有形地跃然于纸上，令人感到香气扑鼻！"

其他画师一听，在惊讶之余，不得不心悦诚服。

徽宗还曾用"深山藏古寺"为题来考画院的学生。

这个题目要画好并不容易。

有的在半山腰画座古庙，有的把古庙画在丛林深处。寺庙，有的画得完整，有的只画出庙的一角或庙的一段残墙断壁……

他看了很多幅，都不满意。

就在他感到失望的时候，有一幅画深深地吸引了他，他再仔细端详了一番，便连连点头称赞，说这幅画应该得第一。

那幅画好在哪里呢？好就好在构思巧妙，那位高明的画家，根本就没有画庙。画的是崇山峻岭之中，一股清泉飞流直下，水花四溅。泉边有个老态龙钟的和尚，一瓢一瓢地舀了泉水倒进桶里。

就这么一个挑水的和尚，就把"深山藏古寺"这个题目表现得非常含蓄深邃。

和尚挑水，当然是用来洗衣做饭的，这就叫人想到附近一定有庙；和尚年迈，还得自己来挑水，可以想象到那庙是座破败的古庙了；庙一定是在深山中，画面上看不见，这就把"藏"字表现出来了。

这幅画比起那些画庙的一角或一段墙壁的，更切合"深山藏古寺"的题意。

下面再谈谈宋徽宗的最得意之作——园林宫苑"艮岳"。

艮岳位于东京汴梁（今开封）景龙门内以东，封丘门内以西，东华门内以北，景龙江以南，周长约6里，面积约750亩。

宋徽宗政和七年（1117年）开始动工，宣和四年（1122年）竣工，最初叫万岁山，后改名艮岳、寿岳，或连称寿山艮岳，也叫华阳宫。

艮岳突破了秦汉以来官苑"一池三山"的传统，把诗情画意融入园林，以典型、概括的山水创作为主题，在中国园林史上是一大转折。

苑中叠石、掇山的技巧，以及对于山石的审美趣味都有提高。

徽宗认为帝王或神灵都是居住在地势险要、壮观的地方，而汴梁附近都是平原，没有崇山峻岭，很少大江大河，所以他对艮岳的景观设置极为重视。

他将天下奇形怪状的石头、南方珍稀艳丽的花木统统放进艮岳里，并在里面营造亭台楼阁、雕梁画栋，历时十多年时间的精心打造，使艮岳成为有史以来最为优美的宫苑，代表了宋代皇家园林的风格特征和宫廷造园的最高水平。

艮岳建成后，宋徽宗创作了《御制艮岳记》，流传至今。

宋徽宗亲自参与设计和主持修建了艮岳工程，艮岳以南北两山为主题，向东西伸展，曲折多变，山石林立，亭台楼阁众多，金碧辉煌，又有奇花异草、飞禽走兽散布其间，一步一景。

苑内还设置了水池，最难得的景观是，每当皇帝驾临之时，命人开闸放水，瀑布飞流而下，像一块白色的屏幕，水声隆隆，蔚为壮观。

在艮岳中部向四周四向看，犹如置身于深山幽谷的底部，完全想不到东京汴梁原来是开阔平坦的地形，令人叹为观止的是，这些景物完全都是人工开凿而成的。

因为修筑艮岳，使得国库空虚，群臣百姓怨声载道，最终引来亡国之灾。1127年，艮岳完工没有多久，金兵就围攻汴梁，后来攻破城池，

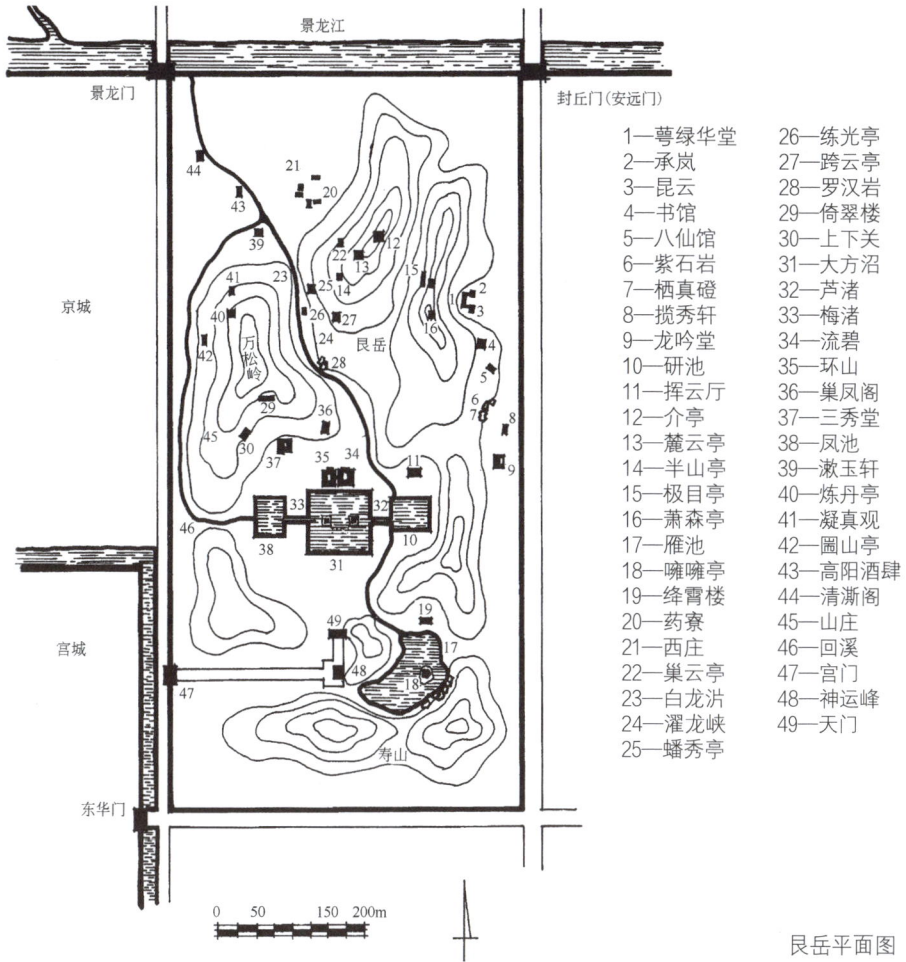

景龙江

景龙门　　　　　　　　　　　　封丘门（安远门）

京城

宫城

东华门

0　50　150　200m

艮岳平面图

北京北海公园中来自艮岳的假山石

上海豫园"玉玲珑"　　　苏州留园"冠云峰"　　　苏州"瑞云峰"　　　南京瞻园"仙人峰"

城内居民都逃到艮岳避难，艮岳遭到金国士兵的彻底毁坏。

艮岳虽然被毁了，可是其中的贡品"灵璧石"散落四方，徐州云龙山下乾隆皇帝行宫内就有一块"八音石"，形状优美，犹如层层叠叠的浮云，凝重飘逸，色泽清润，精巧秀丽。

灵璧石、太湖石都是古典园林营造中十分珍贵的石料，艮岳中这些有"灵气"的石头历经辗转，现在还存留于世的寥寥无几。

在金兵攻陷汴梁后，曾将艮岳的一批石材不远千里运往燕京（今北京），堆放在中山公园、北海公园、中南海瀛台等地，保留至今。

北宋灭亡后，花石纲中一些还来不及运送进京的太湖石便遗散到各地，其中以上海豫园的"玉玲珑"、苏州留园的"冠云峰"、苏州织造府花园（今苏州第十中学）的"瑞云峰"、南京瞻园的"仙人峰"最负盛名。

"西湖十景"
——中国第一个园林景观集称

中国的风景名胜地，"八景""十景"等称谓屡见不鲜。

燕京八景、西湖十景、避暑山庄七十二景等更是闻名遐迩，吸引着历代文人墨客和普通百姓前来参观游览，一饱眼福。

这种以数字称谓景观的表达方式，形成了中国所特有的一种文化。

中国人对数字有特殊的兴趣。用数字进行表达，在中国有着悠久的历史。诸如天下第一泉、天下第一关、两宋、三国、三皇、东北三宝、四大美人、文房四宝、五行、五帝、六朝、禅宗六祖、竹林七贤、扬州八怪、龙生九子、十常侍、十二生肖、明十三陵、十八罗汉、龙门二十品、三十六计、六十四卦、七十二候、一百零八条好汉等。

以上的称谓都具有高度的概括力，通俗易懂。

这种将一定时期、一定范围、一定条件之下类别相同或相似的人物、事件、风俗、物品等，用数字的集合称谓将其精确、通俗地表达出来，就形成一种"集称文化"。

用数字的集合称谓表述某时、某地、某一范围的景观，则形成"景观集称文化"。

景观集称文化是集称文化的子文化，杭州的"西湖十景"形成于南宋，成为我国第一个园林景观集称。

历史上，杭州曾多次开展西湖十景评选活动，每次评选都极大地提高了西湖和杭州的知名度、美誉度。

比如，南宋时评选产生的"西湖十景"，至今已流传了千年。

南宋"西湖十景"，由南宋宫廷画家取名，包括苏堤春晓、曲院风荷、平湖秋月、断桥残雪、柳浪闻莺、花港观鱼、雷峰夕照、双峰插云、南屏晚钟、三潭印月共十个景点。

西湖十景是历代山水画家和文人墨客创作的主题，清代杭州画家刘度，曾就学于明朝绘画大师蓝瑛，擅长工笔山水画，他创作的《西湖十景图》全面展示了这十处景观的具体构成与风景意蕴。

苏堤春晓：指的是春天拂晓时分，桃红柳绿的苏堤景色。苏堤连通南山、北山，长3000米左右，堤上有六座石桥，还栽种了桃柳和花草。

曲院风荷：位于西湖西北、苏堤北端西侧，原为官府酿酒作坊，坊前有大水池，池内种满荷花，荷香四溢，成为西湖一景。

平湖秋月：位于孤山南侧，三面临水，远望西湖群山，是观赏湖景和赏月的最佳去处。

断桥残雪：断桥是湖北部白堤的起点，桥面没有栏杆，因此积雪时桥身若有若无，桥、湖、山融为一体，成为断桥残雪。

柳浪闻莺：位于西湖东南、清波门外，在聚景园中，沿岸密植柳树，湖风吹来形成柳浪，柳树丛中莺啼阵阵，并有钱王祠、学士桥等景点。

花港观鱼：位于西湖西南，南面为南湖，因西面花家山溪流在此流入西湖，溪涧旁花团锦簇，称为"花港"，园内还开凿了鱼池，形成花港观鱼。

雷峰夕照：雷峰塔始建于五代时期，位于西湖南岸夕照山上。宋徽宗时期雷峰塔毁于方腊起义战火，南宋时期得以重建。塔高五层，平面八角形，塔体砖砌，木檐。

双峰插云：指的是湖边两座最高的山峰——南高峰和北高峰山势高耸，在群山之中插入云天。

南屏晚钟：指的是净慈寺钟声，位于南屏山慧日峰下，背山面湖，钟声洪亮悠长。

三潭印月：是湖中心的小岛，名为"小瀛洲"，湖中有苏东坡疏浚

清·刘度《西湖十景图》

西湖时留下的三座石塔，塔身有洞，月明之夜石塔倒映于水中，形成三潭印月美景。

在南宋之后，杭州西湖又分别评出了元朝"钱塘十景"、明朝"雪湖八咏"、清朝"西湖十八景"、1985年"新西湖十景"、2007年三评"西湖十景"等。

南宋之后的西湖园林景观集称一览表

时间	集称	景点名称
元朝	钱塘十景	六桥烟柳、九里云松、灵石樵歌、冷泉猿啸、葛岭朝暾、孤山霁雪、北关夜市、浙江秋涛、两峰白云、西湖夜月
明朝	雪湖八咏	灵鹫雪峰、冷泉雪涧、巢居雪阁、南屏雪钟、西泠雪樵、断桥雪棹、苏堤雪柳、孤山雪梅
清朝	西湖十八景	湖山春社、功德崇坊、玉带晴虹、海霞西爽、梅林归鹤、鱼沼秋蓉、莲池松舍、宝石凤亭、亭湾骑射、蕉石鸣琴、玉泉鱼跃、凤岭松涛、湖心平眺、吴山大观、天竺香市、云栖梵径、韬光观海、西溪探梅
1985年	新西湖十景	阮墩环碧、宝石流霞、黄龙吐翠、玉皇飞云、满陇桂雨、虎跑梦泉、九溪烟树、龙井问茶、云栖竹径、吴山天风
2007年	三评"西湖十景"	八和听涛、岳墓栖霞、湖滨晴雨、钱祠表忠、万松书缘、杨堤景行、三台云水、梅坞春早、北街寻梦、灵隐禅踪

西湖园林景观集称文化以其丰富的美学和哲学内涵，再加上各种宗教文化和山水文化的积淀，向世人呈现了一个举世无双的人间天堂。

沧浪亭
——苏州现存最古老的园林

沧浪亭，位于苏州市三元坊沧浪亭街3号，是一处始建于北宋的中国古典园林，最初为五代时期吴越国中吴军节度使孙承祐的园林。

宋代著名诗人苏舜钦以四万贯钱买下旧址，进行修筑，临水建亭，

自《孟子·离娄》中。据记载,孔子听到
小孩子唱了一支歌:"有孺子歌曰:'沧浪
之水清兮,可以濯吾缨;沧浪之水浊兮,
可以濯吾足。'"孔子听后对学生们说:
"'小子听之!清斯濯缨,浊斯濯足矣,自
取之也。'"。另有一种说法,此典出自屈
原《楚辞·渔父》:"沧浪之水清兮,可以
濯吾缨;沧浪之水浊兮,可以濯吾足。"可
翻译为:"沧浪江的水清澈,可以洗我的
帽带;沧浪江的水混浊,可以洗我的脚。"
这句话的意思是说,处世不必过于清高。
世道清廉,可以出来为官;世道混浊,可
以与世沉浮,表现出了道家的处世哲学。
可见,苏舜钦取其意命名为沧浪亭,含义
深远。他被罢官之后,郁郁不得志,把家
暂时安定在苏州,并不等于他想一辈子老
死在这里。他年仅37岁,又是一位出身世
家从小有志向的人。他不会甘心情愿在这
荒芜的南园农村中虚度一辈子。他只是把
这里当作人生暂时停留之地,在此医治心
灵的创伤,有朝一日再去建功立业,搏击
人生,创造自己的辉煌。

取名"沧浪亭"❶,自称沧浪翁,并写下了《沧浪亭记》。

欧阳修应邀作《沧浪亭》长诗,诗中以"清风明月本无价,可惜只卖四万钱"来叙述这件事。从此以后,"沧浪亭"名声大振。

苏舜钦,北宋诗人、书法家。北宋景祐元年中进士,曾官居高位,因有人诬陷,被罢免了官职。后来移居苏州,建了沧浪亭。之后又被朝廷重新任用为湖州长史,但不久就病故了。

沧浪亭是苏州现存园林中历史最为悠久的古代园林,与狮子林、拙政园、留园一齐列为苏州宋、元、明、清四大园林。

沧浪亭于1982年被列为江苏省文物保护单位,2000年作为《世界文化遗产苏州古典园林增补项目》被联合国教科文组织列入《世界遗产名录》,2006年被国务院列为第六批全国重点文物保护单位。

沧浪亭占地面积1.08公顷。园内以山石为主景,山上古木林立,山下凿有水池,山水之间也是以曲折的复廊相连。

建筑环绕在山石四周,通过复廊上的漏窗渗透作用,沟通园内、外的山、水,使水面、池岸、假山、亭榭融成一体。

"沧浪古亭"坐落在山顶上,亭的结构古朴,四周环列了几百年树龄的高大乔木五六株。

"明道堂"是园中体量最大的主体建筑,位于假山东南部。

"翠玲珑"馆连贯几间大小不一的房屋,前后芭蕉掩映,并种植了20多种竹子。

与翠玲珑馆相邻的是"五百名贤祠",祠中三面白色墙壁上镶嵌了594幅与苏州历史有关的人物雕像。

"印心石屋"位于园中西南处,是一个假山石洞。

"看山楼"位于山中印心石屋之上,与仰止亭和御碑亭等建筑相互映衬。

沧浪亭平面图

到过沧浪亭的人都知道，在沧浪亭，流传着"**乾隆皇帝与王周士的传说**"。

清朝乾隆年间，当时苏州的评话、弹词已颇有名气。

有一年乾隆皇帝南巡，路过苏州，住在沧浪亭。

乾隆早就听说过苏州弹词的盛名，很感兴趣。闲来无事，他就找说书人为自己说书，当时请来的是擅长说唱《游龙传》的弹词名家王周士。

那天天色已晚，乾隆特地赐了他一支红蜡烛，命令他弹唱，但王周士只是默不作声，乾隆大惑不解，问他什么原因。

王周士说，我从事的行业虽然很低微，但是我们的习惯是坐着畅谈今古，因为还要弹奏乐器，所以站着、跪着都不能给您表演。乾隆听了，就赐给他一个蒲团，王周士这才坐下来弹唱。

他唱的是《游龙传》，乾隆听后觉得这种民间说唱颇有趣味，一时兴起，就赐给王周士七品顶戴，命令他一起去北京为自己说书。

王周士跟随乾隆皇帝回到北京之后，过不惯官场生活，没多久就称病告假回乡了。

王周士回到苏州以后，创立了评弹艺人第一个行会组织——光裕公所，作为联络艺人的同业公会和切磋技艺的场所。光裕公所对评弹艺术的发展曾起过积极的作用。

不仅是苏州的评弹，沧浪亭更是以自己的特色吸引了乾隆皇帝。作为宋代园林艺术的代表，沧浪亭以清幽古朴见长。在造园艺术上，不落俗套，别具一格。

清·《沧浪小志》中的沧浪亭

136

静韵亭中的《沧浪亭记》

沧浪古亭

明道堂

翠玲珑

"哪里有不平哪有我"
——济公与灵隐寺、净慈寺的传说

　　古往今来，名人多得不计其数，然而能被东西方世界雅俗共赏的人，首先要数中国的活佛济公了。

　　济公（1148—1209年），俗名李修缘，南宋高僧，法号道济，浙江省天台县永宁村人，是一位学问渊博、行善积德的得道高僧，被列为禅宗第五十祖，杨岐派第六祖，后人尊称其为"活佛济公"。

　　济公懂中医医术，为百姓治愈了不少疑难杂症。他热情直率，诙谐幽默而富有才学。他乐于助人、扶危济困、除暴安良、彰善罚恶等种种美德，在人们的心目中留下了独特而美好的印象，从而声名远扬。

　　民间传说中，济公是一位不修边幅、无拘无束的疯和尚，连相貌也是一半脸儿哭，一半脸儿笑，哭中有笑、笑中有哭。

　　他戴着破帽，手拿破扇，身穿破衣、脚蹬破鞋，貌似疯癫，最初在国清寺出家，后来到杭州灵隐寺居住，随后住在净慈寺，不受戒律拘束，喜欢吃肉喝酒，举止如痴如狂。

有关济公的故事传说，在南宋时代就已经开始流传。

据调查，现存于天台地区民间的济公传说有数百种。这些传说以济公生平经历为主线，内容广泛涉及济公身世、童年生活、扶危济困、戏弄奸臣、降魔除妖等方面。其中如"济公出世""小济公芥菜叶泼水救净寺""利济桥""棒打寿联""赭溪救童""修缘出家"等已成为经典。

而在杭嘉湖一带流传的故事内容更为广泛，这是因为那里是济公出家后的主要生活和活动场所。其中以灵隐寺"飞来峰"、净慈寺"古井运木"等故事最为脍炙人口。

2006年，济公传说被国务院列入第一批国家级非物质文化遗产名录。

首先讲讲济公与灵隐寺飞来峰的传说。

灵隐寺，又叫云林寺，位于浙江省杭州市，背靠北高峰，面朝飞来峰，始建于东晋咸和元年（326年），占地面积约87000平方米。寺内建有道济禅师殿，香火鼎盛。灵隐寺现为全国重点文物保护单位。

活佛济公曾在灵隐寺修行，留下了与飞来峰的传说。

相传有一天，灵隐寺的济公和尚突然心血来潮，算到了有一座山峰就要从远处飞来。

那时，灵隐寺前是个村庄，济公怕飞来的山峰压死人，就奔进村里劝大家赶快离开。村里人因平时看惯济公疯疯癫癫，爱捉弄人，以为这次又是寻大家开心的，因此谁也没有听他的话。

眼看山峰就要飞来，济公急了，就冲进一户娶新娘的人家里，背起

禅宗第五十祖道济禅师像

传说中的济公像

138

正在拜堂的新娘子就跑。村人见和尚抢新娘，就都呼喊着追了出来。

人们正追着，忽听风声呼呼，天昏地暗，"轰隆隆"一声，一座山峰飞落到灵隐寺前，压没了整个村庄。

这时，人们才明白济公抢新娘是为了拯救大家，对他感恩戴德。

下面聊聊济公在净慈寺古井运木的传说。

净慈寺在杭州西湖南岸的南屏山慧日峰下，雷峰塔对面，是西湖历史上四大古刹之一。净慈寺建于公元954年五代吴越国时期。因为寺内钟声洪亮，所以"南屏晚钟"成为"西湖十景"之一。

净慈寺里有一段活佛济公"古井运木"的传说。

相传有一天，济公在净慈寺喝醉了酒，大喊："无明发"，僧人们感到莫名其妙，果然不久以后突发大火，寺院被烧毁。

重修净慈寺木料供应不上，派济公外出募化。

济公大大咧咧拍了胸脯，却每天酒足饭饱了返回寺中，僧人问他募化了多少钱，他回答说："全部都在我肚子里啦。"

他在寺中烂醉如泥地睡了三天，却悄悄地使用法术，请求神仙帮助，因而有大木头源源不断地从寺中的圆照井里冒出来。

僧人们一直拉到第七十根，在旁边估算木料的木匠随口说了声"够了"，井里的木头就再也拉不上来了。

从此以后，圆照井被称为"运木古井"，那最后一根木头就留在井底，成为净慈寺最吸引人的"古迹"。

现在，游人到净慈寺拜佛、游览，都要到井口去，借助蜡烛的点点微光，看一看永远守候在井底的神木。

灵隐寺飞来峰造像

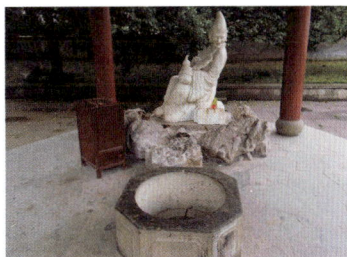

净慈寺"运木古井"

士人的隐居所：
元代园林

不要迷恋哥，哥只是个传说

元朝（1271—1368年），由蒙古族建立，是中国历史上首次由少数民族建立的大一统王朝。定都大都（今北京），共有十一位皇帝，历时九十八年。

元朝在社会思想上采取兼收并用的政策，对各种思想几乎一视同仁，都加以承认。由于受到汉族文化影响，元代的皇家园林也继承了中原皇家园林的特征。

在宗教方面，元朝时期佛教与道教盛行，佛教中的喇嘛教受到蒙古皇族的推崇。道教中以全真教规模最大，全真教主丘处机受到成吉思汗的召见，被封为国师。元朝时期，基督教、伊斯兰教也在中国传播。在此背景下，寺观园林得到了长足发展。

元朝对中国传统文化的影响大过对社会经济的影响。

与其他王朝为了提升自身文化而积极吸收中华文化不同，元朝同时采用西亚文化与中华文化，并且提倡蒙古至上主义。这使得士大夫文化地位下降，属于中下层的平民文化迅速抬头。

元朝文学以元曲与小说为主，对于史学研究也十分兴盛。相对来说，元朝的诗词成就不高，内容比较贫乏。

元朝的戏曲，即元曲，分成散曲与杂剧两类。散曲是元代的新体诗，以抒情为主，主要是舞台上清唱的流行歌曲，可以单独唱也可以融入歌剧内，与唐宋诗词关系密切。当时散曲四大名家是关汉卿、马致远、张可久与乔吉。

杂剧是元代的歌剧，到明清时期发展出昆剧和粤剧。杂剧五大名家是关汉卿、马致远、白朴、王实甫与郑光祖，代表作品有关汉卿的《窦娥冤》、王实甫的《西厢记》、郑光祖的《倩女离魂》等，主要表现社会与生活情况、歌颂历史人物与事件，强调人物的情感。

元朝的江南地区出现了以浙江为中心的文人阶层，孕育出《三国演义》和《水浒传》等长篇小说，在城市里绽放出平民文化的花朵。

元代因为民族问题，汉族文人阶层流行隐逸的风气，退隐江湖，沉醉于山林别业，通过书画抒发情怀。即便是官场中的文人，也因为特殊的社会与政治环境，寄情于书画艺术。

在这种背景下，元朝的文人山水画获得空前的发展，涌现了以赵孟頫（fǔ）、钱选、高克恭以及"元四家"为代表的山水画家。"元四家"即黄公望、王蒙、倪瓒、吴镇四人，他们都擅长山水和花鸟画，是写意文人画走向成熟的关键人物。

元代文人画一个重要的成果是出现了文人写意山水画和写意花鸟画。这充分表明，山水风景与园林花卉的审美意识已经融入文人日常生活中，并成为文人气节表达和精神追求的主要手段，从而带动了元代文人园林的发展。

元代文人私家园林风格以自然、简约、平淡为主，注重植物栽植和水体营造，是文人聚会、赋诗和休憩的重要场所。

元代园林思维导图

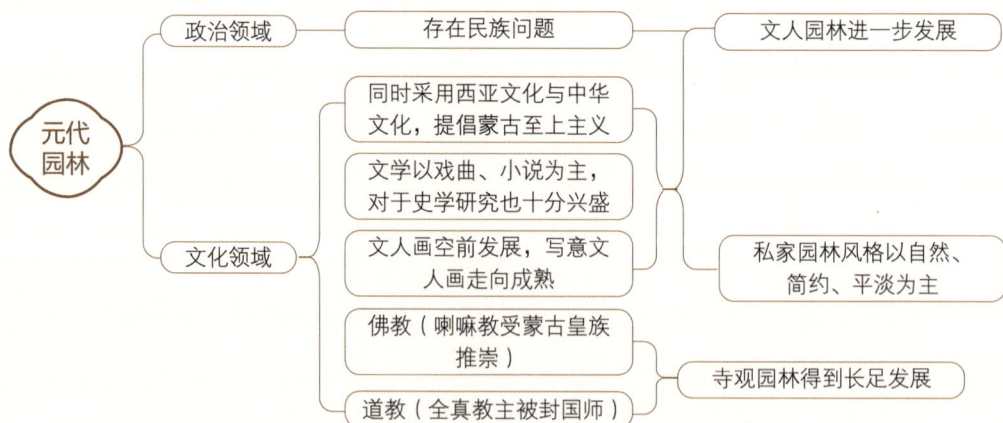

写意园林的完善期

无可奈何花落去，
似曾相识燕归来。

——北宋·晏殊《浣溪沙·一曲新词酒一杯》

皇家园林

元朝时期，京城大都（今北京）皇家园林建设不多，都在皇城范围内。主要的一处是在金代大宁宫的基础上拓展的"大内御苑"。

元朝时期，香山、西山一带建了行宫御苑和寺观园林，形成了所谓的"燕京八景"。

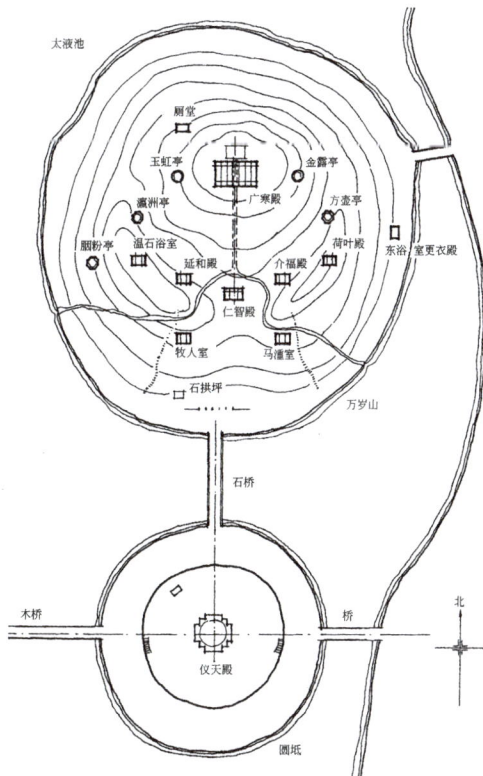

元·太液池、瀛洲平面图

143

元朝以金国中都东北郊的大宁宫为基础营造都城——大都，新建、改建了多处御苑。最大的一处是大内御苑，以大宁宫原有的山水格局为基底，面积十分开阔空旷，还保留着游牧民族的粗犷风格。园林主体是太液池，池中从南往北排列了三座岛屿，沿袭着历来皇家园林"一池三山"的传统模式。

私家园林

元朝初期，随着社会生产与经济贸易的逐步恢复、欧亚大陆交通线的打通，大都逐渐发展成为商业繁荣、文化发达、人口众多的大都市。

京城地价昂贵，平民百姓的居住面积一般比较狭小，王公贵戚、官僚文人的府邸与别墅往往带有园林。

京城的官僚文人的私家园林大多引水入园，或者临水而建，植被茂盛、花果飘香，比较注重园林的山水、植被等自然因素，是园主人悠闲游憩、隐居读书，以及宴请宾朋、赋诗作对的场所。

大都的私家园林见于文献记载的多半为城市近郊的别墅园，其中以宰相廉希宪的万柳堂最负盛名。

万柳堂是元朝宰相廉希宪的别墅园，又叫"廉园"，位于大都城外西南部。园中有面积广袤的池沼，水上建了厅堂，水中种满荷花，沿岸种植了几百株柳树。万柳堂风景秀丽，夏季荷花飘香，是当时京城著名的园林。廉希宪经常与朋友在园内聚会、游赏、宴饮。

元代南方的私家园林以扬州园林为代表。

与唐宋时期相比，扬州园林别墅大量减少，代表性的园林有瓜洲的居竹轩、平野轩、江风山月亭、采芹亭、明月楼等，均以清淡、简约、平远式的布局为特色。

元代扬州私家园林别墅里面往往建筑不多，瀑布水流比较少见，也不一定筑山，主题比较单一。比如居竹轩就是在山野竹林之中布置草堂，平野轩也是以平地望远为主题，辅助以花卉树木栽种，实际上体现的是元朝文人的隐逸思想。

寺观园林

元代，佛教和道教受到朝廷的保护，寺、观的数量骤然增长。

仅仅大都一个地方，据记载就有15座庙、70座寺、34座院、2座庵、11座宫、55座观，共计187座。这些寺观之中大多建了园林。

例如，西城外的长春宫建于唐代，元太祖命人扩建之后，命长春真人丘处机在这里修行，于是这里成为全真教的主要道观之一。

郊外的寺观园林以西北郊的西山、香山、西湖一带为最多。就外围园林环境的营造来说，大承天护圣寺是比较出色的一个代表。

元代主要园林一览表

类型	名称	地点	建造者
皇家园林	大内御苑	大都	元世祖
私家园林	万柳堂	大都	廉希宪
	匏瓜亭	大都	赵禹卿
	居竹轩	扬州	成元章
	平野轩	扬州	/
	江风山月亭	扬州	/
	采芹亭	扬州	/
	明月楼	扬州	/
	狮子林	平江	天如禅师弟子

名园
轶事

"燕京八景"
——老北京最出名的风景

"燕京八景"，又称"燕山八景"或"燕台八景"，即古代北京地区的八处景观，最早得名于金朝。

不同历史时代对燕京八景的景观和描述均有不同，后代文人纷纷题诗歌咏，逐渐闻名遐迩。

清乾隆十六年（1751年）御定八景为：太液秋风、琼岛春阴、金台夕照、蓟门烟树、西山晴雪、玉泉趵突、卢沟晓月、居庸叠翠。

乾隆皇帝亲笔御题了每处景点的名称，并刻石立碑。从此之后，燕京八景更是名誉四方。

居庸叠翠：古代的居庸关范围包括全部关沟峡谷。关沟曲折而上，经居庸关、上关，直达北口——八达岭。北沟是北京北部燕山山脉的缺口，山谷中峰峦叠嶂，林木葱郁，山花烂漫，层林尽染，山水明媚，景致非凡，"居庸叠翠"碑就在山谷中部的叠翠山上。

太液秋风：今天的中南海原名叫太液池，在东岸的万善门旁边，有一个码头，水中央有一座亭子叫作"水云榭"。这座亭子周边的环境相当优美，天光云影，碧波荡漾，小亭好像出水的芙蓉，夏季亭子四周荷花飘香，令人心旷神怡。

蓟门烟树：相传是古代蓟州遗址。在德胜门外西北部，距城内约4公里。古城墙和古建筑物都已荒废，只有古城门旧址的两个土丘还存在。相传当年这里一年四季林木茂密，枝叶葱郁，烟雾迷离，因此被称为"蓟门烟树"。

卢沟晓月：卢沟即永定河，自古以来就是交通要道。金朝在此建了一座广利桥，桥身犹如一条长虹，有十一个拱券门，四座华表，望柱上雕了485尊石狮子。每到明月当空，卢沟桥上犹如铺了一层银霜，这就是"卢沟晓月"的由来。

玉泉趵突：玉泉山在万寿山西部。玉泉山有三个石洞，分别在山的西南部、南部和山脚下。最后一个石洞口刻着"玉泉"两个字，洞里涌出来的泉水，清醇甘洌，清亮如玉，因而成为燕京八景之一。

西山晴雪：西山是指北京西郊连绵山脉的总称，是太行山的一支余脉。"西山晴雪"就是指这一带晴天的雪景。可以想象，每当雪后初晴，从这里登高远眺，可以看到重峦叠嶂，银装素裹，红日高悬，一幅壮丽的美景，充满诗情画意。

琼岛春阴：琼华岛位于中都城东北郊。琼华岛四面景观丰富，尤其以春天的景色更加优美动人。每到春季，云蒸霞蔚，雾气缭绕，松柏苍翠，鲜花盛开，山石俏丽，好似仙境一般。"琼岛春阴"正是古人对于春回大地，万物复苏的生动纪实。

金台夕照：又叫道陵夕照，位于中都西南的大房山上。大房山修建

清·张若澄《燕山八景图》

了金朝历代皇帝的陵墓。这里群山环绕，峰峦重叠，九条山脉奔腾而下，号称"九龙"。山顶林木茂密，云雾弥漫，泉水从山上淙淙流下，长流不息。

除了"燕京八景"之外，明清的文人又在长期游览过程中总结了另外八个景观，称为"燕京小八景"。

这八处小景与燕京八景风格相似，都是自然景观，原本无所谓大小，称它们为燕京小八景，是因为它们的资历比起金代的燕京八景来说是小字辈。

燕京小八景是：银锭观山、东郊时雨、西便群羊、南囿秋风、燕社鸣秋、长安观塔、回光返照、西直折柳。

燕京八景，也是园林景观集称的杰出代表之一。它的出现，对于后来全国的风景点建设产生了巨大影响。从此之后，很多城市、园林、宫苑、景区等，都评选出了相应的八景或者十景。

现代的园林景观也积极借鉴燕京八景，建造景点，在一定程度上推动了园林景观建设的发展。

历代燕京八景名称一览表

朝代	景点名称
金代	太液秋风、琼岛春阴、道陵夕照、蓟门飞雨、西山积雪、玉泉垂虹、卢沟晓月、居庸叠翠
元代	太液秋波、琼岛春阴、道陵夕照、蓟门飞雨、西山霁雪、玉泉垂虹、卢沟晓月、居庸叠翠
明代	太液晴波、琼岛春云、道陵夕照、蓟门烟树、西山霁雪、玉泉垂虹、卢沟晓月、居庸叠翠
清·康熙	太液晴波、琼岛春云、道陵夕照、蓟门烟树、西山霁雪、玉泉流虹、卢沟晓月、居庸叠翠
清·乾隆	太液秋风、琼岛春阴、金台夕照、蓟门烟树、西山晴雪、玉泉趵突、卢沟晓月、居庸叠翠
后增八景	银锭观山、东郊时雨、西便群羊、南囿秋风、燕社鸣秋、长安观塔、回光返照、西直折柳

《富春山居图》
——中国十大传世名画之一

　　《富春山居图》是元代画家黄公望创作的纸本水墨画，中国十大传世名画之一。

　　画家黄公望为师弟郑樗（chū）（字无用）所绘，1350年绘制完成，后几度转手，并且因为烧画殉葬而分为两部分，前半卷叫作"剩山图"，现在收藏于浙江省博物馆；后半卷叫作"无用师卷"，现在收藏于台北"故宫博物院"。

　　2011年6月，前后两段在台北"故宫博物院"首度合璧展出。

　　黄公望（1269—1354年），本名陆坚，元朝著名画家，"元四家"之首，皈依"全真教"，别号大痴道人。他擅长山水画，效法大画家董源、巨然、李成的笔墨，曾得到赵孟頫的指导和传授。他所绘制的水墨画笔力老到，简练深厚。又在水墨之上略为施加淡赭色，世上称为"浅绛山水"。除了绘画之外，他还擅长作诗，他的《写山水诀》是山水画创作的经验之谈。现在存世的作品有《富春山居图》《九峰雪霁图》《丹崖玉树图》《天池石壁图》等。

　　《富春山居图》以浙江富春江为背景，画面用墨淡雅，山和水的布置疏密得当，墨色浓淡干湿并用，极富于变化。

　　《富春山居图》所画的内容约80%是桐庐境内富春江的景色，20%为富阳的景色。《富春山居图》被誉为"画中之兰亭"，属于国宝级文物。

　　黄公望年轻时做过地方小官，后来因为遭到诬陷，蒙冤入狱。出狱后，不再过问政事，于是放任自流，无拘无束地游走于江湖之中，一度以算卦为生。后来他参加了主张儒、释、道三教合一的全真教，更加看破红尘。由于长期浪迹山川，他开始对江河山川发生了兴趣。

　　他住在常熟虞山的时候，为了领略山川的情韵，经常观察虞山早晚变幻的奇丽景色，用心领会，并勤加练习。他的一些山水画素材，就来自于这些山林胜迹。

　　他住在松江的时候，观察山水更是到了如痴如醉的地步，有时整日在山中静坐，废寝忘食。

在他住在富春江边的时候，身上总是带着皮囊，里面装着画具，一旦看到山中美景，必定取出画具展开画布，摹写下来。

富春江北面有一座大岭山，黄公望晚年曾隐居于此，他描绘大岭山的景色，曾创作《富春大岭图》。

《富春山居图》从构思、动笔到绘制完成大约用了七年时间。

为了画好这幅画，黄公望不辞辛劳，随身带着纸笔，整天奔波于富春江两岸，观察烟云变幻的效果，领略山川河滩的美景，但凡遇到好的景致，随时写生，富春江边的许多山村都留下了他的足迹。

深入的观察，真切的体验，丰富的素材，使《富春山居图》的创作有了扎实的生活基础，加上他晚年炉火纯青的笔墨技法，因此落笔非常从容。

元·黄公望《富春山居图》（无用师卷）

《富春山居图》对后世，特别是浙派画家的影响非常深远。

浙派画家在固守浙派传统绘画技法的基础上，积极调整和更新自己的艺术观、审美观和人生观，在吸收《富春山居图》为代表的绘画艺术营养之中创新传统，发展传统，画出浙派笔墨的时代新貌。他们把《富春山居图》等中国画特有的笔墨与宣纸的效果发挥到了极致。瑰丽之中有了刚健、大虚之中有了大实的艺术布局，其本身就在浙派山水画的本义之中。

"假山王国"狮子林
——最佛系的江南名园

狮子林位于江苏省苏州市城区东北角园林路3号，是中国古典私家园林的代表之一，属于苏州四大名园之一。

狮子林同时又是世界文化遗产、全国重点文物保护单位、国家4A级旅游景区。

狮子林始建于元代至正二年（1342年）。1341年，高僧天如禅师来到苏州讲经，受到弟子们拥戴。第二年，弟子们买地置屋为天如禅师修建寺院。最初叫作"狮子林寺"。

因为园内有大片竹林，竹林之下怪石嶙峋，犹如狮子一般；又因为天如禅师得法于浙江天目山狮子岩，为纪念师父的修行经历，弟子们取佛经中狮子座的典故，称其作"狮子林"。

狮子林平面呈东西稍宽的长方形，占地1.1公顷。

由于园林几经兴衰变化，寺、园、宅分而又合，传统造园手法与佛教思想相互融合，加之近代贝氏家族把西洋造园手法和祠堂引入园中，使其成为融禅宗之理、园林之乐于一体的寺庙园林。

园内假山遍布，长廊环绕，楼台隐现，曲径通幽，有迷阵一般的感觉。

长廊的墙壁中镶嵌了宋代四大书法名家苏轼、米芾、黄庭坚、蔡襄的书法碑，以及南宋文天祥《梅花诗》的碑刻作品。

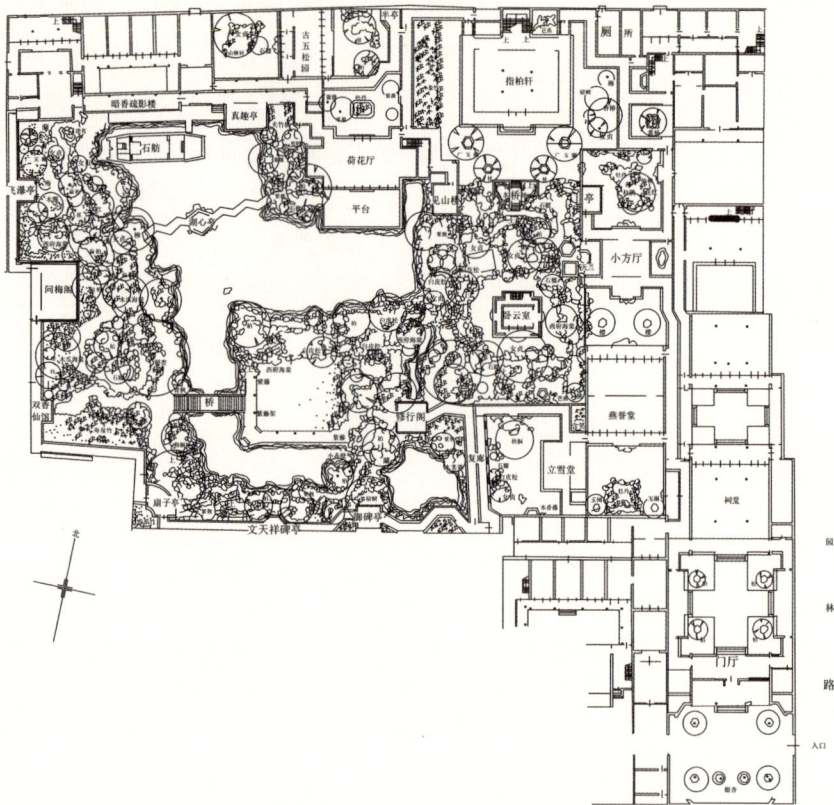

狮子林平面图

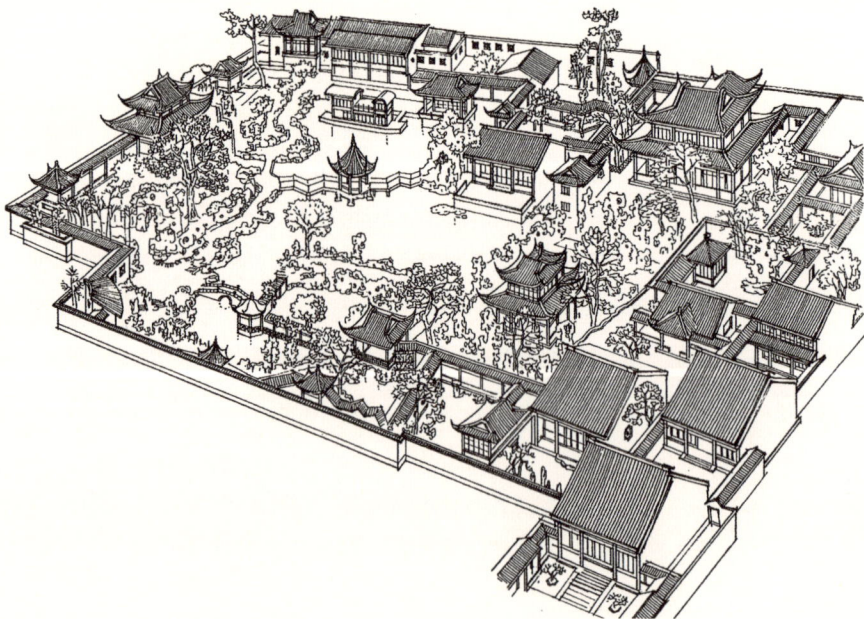

狮子林鸟瞰图

狮子林东南多山，西北多水，四周高墙深宅，曲廊环抱。以中部的水池为中心，叠山造屋，移花栽木，架桥设亭，使得全园布局紧凑，富有"咫尺山林"的意境。园内建筑部分以燕誉堂为核心。

狮子林既有苏州古典园林亭、台、楼、阁、厅、堂、轩、廊之人文景观，更以湖山奇石、洞壑深邃而盛名于世，素有"假山王国"之美誉。

狮子林的湖石假山不但量大，而且十分精美。太湖石玲珑剔透，洞穴宛转多变，曲折盘旋，令人如入迷魂阵中，有"桃源十八景"之称。

狮子林以假山著称，假山占地面积约0.15公顷。狮子林假山是中国园林中唯一现存的大规模假山，具有重要的历史价值和艺术价值。

狮子林的假山，通过模拟与佛教故事有关的人体、狮形、兽像等，在其中暗喻佛教教义，以达到渲染佛教气氛的目的。

山洞的做法也不完全是以自然山洞为蓝本，而是采用迷宫式做法，园东部叠山全部用太湖石堆砌，并以佛经狮子座为模拟造型，进行抽象与夸张。

山体分为上、中、下三层，共有9条路线，21个山洞。横向非常迂回曲折，竖向力求回环起伏。

山顶石峰有"含晖""吐丹""玉立""昂霄""狮子"等山峰，各具神态，千奇百怪。山上古柏、古松枝干苍劲。

这座假山群西侧设置了狭长的山涧，将山体分成两部分。在山涧上修建了一座竹阁，阁楼模仿天然石壁溶洞的形状，与假山融为一体。

园林西部和南部山体则有瀑布、旱涧道、石磴道等，与建筑、墙体

狮子林现状

和水面自然结合，配以广玉兰、银杏、香樟和竹子等植物。

下面，我们说说狮子林与贝氏家族的不解之缘。

1917年，富商贝润生以9900银圆买下荒废的狮子林旧址，又购买了园东房宅，周围筑起高墙，将大门改到东面。贝润生花了9年时间重修狮子林。园子四周环绕长廊，廊墙上布置了听雨楼藏帖、乾隆御碑、文天祥诗碑等碑刻71块，增建了燕誉堂、九狮峰、瀑布等景点。

贝氏是个大家族。贝润生的长兄贝理泰是著名的金融家。早在1915年，贝理泰在苏州筹备成立了上海商业银行苏州分行，担任经理，并被选为总行董事。他一生兼职甚多，曾任苏州商会会长，以及救火会、市民公社、红十字会、市公所等社会团体的领导职务，为苏州做了许多公益之事，深为后人称赞。

贝理泰的三儿子贝祖诒赴上海发展事业，曾任中国银行董事、总行业务部经理，1932年晋升中国银行副行长。抗战胜利后曾任中央银行总裁。国民党政府垮台后，贝祖诒举家离境，赴美国任纽约斯泰公司顾问及中国香港上海商业银行办事董事。

贝祖诒的儿子贝聿铭为贝氏第15世孙，1940年毕业于美国麻省理工学院建筑系，后又进入哈佛大学继续深造，并留校在该院建筑设计研究院任教。1955年，贝聿铭与人合伙成立建筑事务所，设计了华盛顿国家艺术馆东厅、纽约会议中心、巴黎玻璃金字塔、柏林博物馆、中国银行香港分行等世界著名建筑。1986年美国总统里根在纽约市自由女神像100年纪念庆典上颁发给贝聿铭"自由奖章"。

新中国成立后，贝氏家族把祖先留下的狮子林捐献给人民政府。贝聿铭1974年回到苏州老家寻根，到祖父母、曾祖父母坟地祭扫，并在苏州郊区东山重建祖坟。他把所获普利兹克建筑奖金10万美元捐献出来成立了奖学金基金会。

他曾这样说过："我在中国度过吸收能力最强的少年时代，因此有一种'中国气质'深深地留在我的身上，无论如何也难改变。"他对家乡历史悠久的古迹和园林艺术倍加赞叹。他认为苏州古典园林艺术妙在"曲"字，欲露先藏；占地虽少，却变幻无穷；迂回曲折的景色随着观赏路线的移动而变化，十分耐人寻味。

贝聿铭设计的苏州博物馆新馆

2002年，85岁高龄的贝聿铭接受了设计苏州市新博物馆的任务。该馆地处狮子林、拙政园的三角地区，被称为"最难的挑战之一"。如今，贝聿铭最喜欢的这个最小的"女儿"——苏州博物馆新馆已经落成。

莲花庄
——"妻管严"赵孟頫的园林情结

莲花庄是始建于元代的古典园林，是楷书四大家之一赵孟頫的别业。位于湖州市吴兴区。

早在唐宋时期，莲花庄这一带叫作白蘋洲，风光旖旎，景观优美。唐代大诗人白居易于开成四年（839年）曾写下了《白蘋洲五亭记》。

元代大书画家赵孟頫在此建置别业，起名莲花庄。数百年来，这里以碧水风荷，景色幽绝而著称。清末以后，逐渐荒芜废弃。新中国成立后，曾将其一角辟为青年公园。

莲花庄占地112亩，布局根据特定地形将山石、水体、植物、建筑组成画面，形成丰富多彩的景观空间。

园内布置了白蘋春晓、云影清音、松泉印月、鸥波荷香、红蓼花疏等十景，展现了湖州历史悠久、山清水秀的乡土风貌。

莲花庄西区：靠近横塘路为大门，匾额是由著名书法家赵朴初题写的。

莲花庄中区：前部有莲花池，后部有起伏的小山丘。靠近池边建了松斋、鸥波亭。斋与亭以回廊相连。

斋的西部耸立一座莲花峰，赵孟頫的许多杰作都是在松斋里完成的。

"题山楼"相传是管夫人居住，楼东面有大片梅花、竹林，而"清绝轩"因管夫人擅长画梅竹，笔意清绝而得名。

莲花庄东区：以假山屏障作为起始，里面设置了"三品石"。

东边是月洞门，门上挂了"水晶宫"的匾额，进门之后亭台楼阁错落有致，溪水潺潺，清澈见底。

左边有回廊，镶嵌着赵体字帖，右边有一座廊桥叫作"映带桥"，与"大雅堂"相连；后面有"晓清阁""双亭""菊坡"，前面有"红蓼汀"，东南有"惊鸿桥""澄寰观"。

赵孟頫（1254—1322年），元初著名书法家、画家、诗人，是继苏东坡之后诗文书画无所不能的全才，他的楷书被称为"赵体"，对明清书法的影响很大。

他的妻子叫管道升，也是个女才子，善画竹，著有《墨竹谱》传世，对后人学画竹大有裨益。她与东晋的女书法家卫铄"卫夫人"（王羲之的老师），并称中国历史上的"书坛两夫人"。

赵孟頫是宋太祖赵匡胤十一世孙，秦王赵德芳之后，虽为皇族后代，但生不逢时。他少年时期南宋王朝已如大厦将倾，父亲早亡，赵家家境每况愈下，度日维艰。

宋朝灭亡之后，在元世祖忽必烈到江南寻访贤才的过程中，赵孟頫被推荐给忽必烈。元世祖看到英俊潇洒、才华横溢的赵孟頫，惊呼其为"神仙中人"。

从此以后，赵孟頫一路平步青云，仕途顺畅。

不知是一见钟情，还是相互倾慕，赵孟頫与管道升两位旷世才人结为连理。夫妻二人诗、书、画三绝，既各有千秋，又珠联璧合，相濡以沫整整三十年，留下了许多感人的故事。

赵孟頫与管道升是一对神仙美眷。他们修养相当，相亲相爱，夫唱妇随。当然，和所有的恩爱夫妻一样，他们也闹过别扭，可即便是闹别扭，竟也能闹出诗意，这就是著名的"《我侬词》的故事"。

话说赵孟頫一朝得志，官运亨通，年近五十了却倾慕年轻漂亮的女孩子。当时名士纳妾成风，赵孟頫也不甘寂寞想纳妾。但他不好意思向妻子明说。

可文人有文人的办法，于是他写了首小词给妻子示意。

"我做我的大学士，你做你的夫人。难道你没有听说，王献之先生有叫桃叶、桃根的两个小妾，苏轼先生有叫朝云、暮云的两个小妾。我即便多娶几个妾也不过分，你年纪已经40多岁了，只管占住正房元配的位子就行了。"❶

他妻子看了以后，自然很不高兴，可又不便公开吵闹。

为了不把事情闹大，她采取了与丈夫同样的办法，填了一首格律清新、内容别致的《我侬词》予以规劝：

"你心中有我，我心中有你，如此多情。情到深处，像火焰一样热烈。拿一块泥，捏一个你，捏一个我，将咱俩再一起打破，用水调和。再捏一个你，再捏一个我，我的泥人中有你，你的泥人中有我。我和你，活着要睡一个被窝，死了也要进同一口棺材。"❷

赵孟頫看到夫人的态度如此坚定，只好打消了纳妾的念头。

从此之后，"妻管严"赵孟頫与管夫人的爱情故事，以及管夫人的《我侬词》便流传开来，成为佳话。

❶ 原文为："我为学士，你做夫人，岂不闻王学士有桃叶、桃根，苏学士有朝云、暮云。我便多娶几个吴姬、越女无过分，你年纪已四旬，只管占住玉堂春。"

❷ 原文为："你侬我侬，忒煞情多。情多处，热如火。把一块泥，捻一个你，塑一个我，将咱两个，一齐打破，用水调和。再捻一个你，再塑一个我。我泥中有你，你泥中有我。我与你，生同一个衾，死同一个椁。"

第七讲

名著的诞生地：
明代园林

确认过眼神，全都是"牛人"

明朝（1368—1644年）是一个由汉族建立的大一统王朝，一共有十六位皇帝，历时二百七十六年。

明朝是继汉唐之后的黄金时期。明朝时期，集权政治日益发展，手工业和商品经济繁荣，出现了商业集镇和资本主义萌芽，国力强盛，因此，皇家园林的规模趋于宏大，皇家气派又开始浓郁。

哲学思想上，明朝最重要的思想家首推王阳明。他是"心学"的代表人物。王阳明主张心是万物之主，心的良知就是天理。在认知与行为上应采取"知行合一"的原则，知和行互为表里，是统一体，不可分离。

明末伴随着朝代的更替与异族的侵略，哲学家开始更多地思考现实问题与政治改良，如王夫之、黄宗羲、顾炎武等。

晚明书院的兴盛冲击了官学的地位，许多知识分子利用在书院讲学的机会，批评、讽刺时政。当时学者也会借用寺庙周边的空地举行"讲会"，倡导新的思想价值与人生观。

明代书院的自由探讨辩论学风，是当时最开明进步的学术交融方式，在古老的中国书院里，不同流派的思想可以在此平等交流。

明代理学强调家族本位的伦理道德观念，家族具有更大的凝聚力，家族聚集居住形成了庞大的住宅建筑群，其附属园林——宅园的兴建也十分普遍。住宅与宅园的关系比宋代更密切，呈现相互渗透的现象。

明朝时期，在江南等发达地区，随着资本主义因素的成长，导致市民文化的兴起，相应地出现了追求享乐、尊重人性的人本主义思潮，促成了私家园林中追求娱乐思想的倾向和市民园林的兴盛。

明代文学以小说达到的艺术成就最高，创作了大量的以历史、神怪、公案、言情和市民日常生活为题材的长篇小说和短篇话本。

中国小说史上的四大名著中的三部——《西游记》《水浒传》《三国演义》与小说《金瓶梅》就是出自明朝。还出现了"三言""二拍"等短篇话本。

传统雅文学的发展在明代得以继续，著名文人有刘基、宋濂、高启、方孝孺、唐寅、归有光、徐渭、王世贞、袁宏道、钱谦益、张岱、吴伟业等人。

散曲家则有王磐、冯维敏、薛论道、陈译、康海等人。

戏剧方面，昆曲有了很大发展，并传入北京，涌现出了汤显祖的《牡丹亭》等划时代的戏剧作品。

明朝朝廷极力推崇书法，明朝书法以行书和草书为主。明初书法主要是台阁体。明中期"吴中四家"崛起，祝允明、文徵明、王宠与唐寅是这个时期的代表，书法开始迈入倡导个性化的新境域。晚明书坛兴起一股批判思潮，书法上追求大尺幅、震荡的视觉效果，有名的有张瑞图、黄道周、王铎与倪元瑞等。

明代诗文数量浩如烟海，不仅作家众多，而且各成流派。

绘画方面，明初，宫廷画家居画坛主流。沈周、文徵明、唐寅、仇英广泛吸取了唐、五代、宋、元各派之长，形成了各具特色的绘画风格，被后世称为"明四家"。嘉靖时期，杰出画家徐渭，独辟蹊径，创立泼墨花卉风格。万历年间，吴门画家张宏开启实景山水写生的先河，在继承吴门画派风格和特色的基础上加以创新，画面清新典雅，意境空灵清旷。

文人更广泛地参与造园实践，个别文人甚至成为专业的造园家。丰富的造园经验不断积累，再由文人或者文人出身的造园家总结为理论著作出版。

元代以后，佛教和道教就已经失去了唐宋时期的蓬勃发展势头，逐渐趋于衰退。但寺院和宫观建筑仍然不断兴建，遍布全国各地，并且相对集中在风景名胜地区。

此外，在某些发达地区，城市、农村聚落的公共园林已经比较普遍，虽然不是造园活动的主流，但其功能和造园手法已经十分明显。

明代园林思维导图

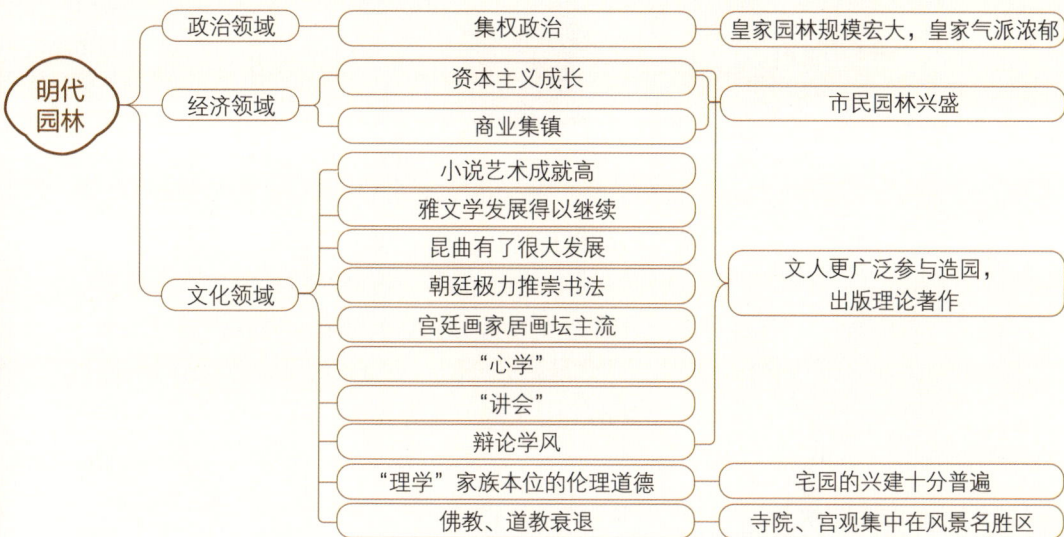

```
                    政治领域 ─── 集权政治 ──────────── 皇家园林规模宏大，皇家气派浓郁
        ┌─── 经济领域 ─┬─── 资本主义成长
  明代   │              └─── 商业集镇 ──────────────── 市民园林兴盛
  园林 ──┤
        │              ┌─── 小说艺术成就高
        │              │    雅文学发展得以继续
        │              │    昆曲有了很大发展
        └─── 文化领域 ─┤    朝廷极力推崇书法 ────── 文人更广泛参与造园，
                       │    宫廷画家居画坛主流        出版理论著作
                       │    "心学"
                       │    "讲会"
                       │    辩论学风
                       │    "理学"家族本位的伦理道德 ── 宅园的兴建十分普遍
                       └─── 佛教、道教衰退 ─────────── 寺院、宫观集中在风景名胜区
```

园林 简史

园林理论的总结期

绝怜人境无车马，
信有山林在市城。

——明·文徵明《拙政园图咏·若墅堂》

皇家园林

明朝先以南京为都城，后以北京为都城，皇家园林主要分布在南京与北京。

南京建都时间较短，且明朝在南京建都时正处于政权初创时期，经过元末战争，国力贫弱，并未有大规模的皇家园林营造活动，代表性的园林仅为明太祖朱元璋的陵寝园林——**孝陵**。

161

洪武十四年（1381年），朱元璋与开国元勋刘基、徐达、汤和看中了钟山南麓独龙阜玩珠峰蒋山寺、志公塔地段的风水宝地，一起选定在此营造他的陵墓，并命令中军都督府李新负责营造工程。同年，迁走蒋山寺与志公塔。第二年，马皇后病故，葬入刚完工的孝陵地宫中。洪武十六年（1383年），孝陵享殿完工。洪武三十一年（1398年）朱元璋去世，葬入孝陵。作为明朝开国皇帝的陵墓，孝陵的工程直到永乐十一年（1413年）才最后完工，前后历时38年。孝陵是重要的皇家陵墓园林，在总体布局与建筑规制方面改变了唐宋皇家陵寝园林的传统做法，确定了明代陵寝制度的基本特色。

明孝陵

明朝迁都北京之后，在北京开始了大规模的皇家宫苑的营造。

因为北方蒙古等游牧部落的军事威胁一直存在，明朝一直没有离宫御苑的营建活动，皇家园林的营建重点是大内御苑。

明代的大内御苑，与宋代不同的是：规模又趋于宏大，突出皇家气派，并附上更多宫廷色彩。

紫禁城内建了少量的大内御苑，主要为御花园和慈宁宫花园。

御花园　明朝永乐十五年（1417年），紫禁城建成之时，在内廷中路坤宁宫以北建成了御花园，作为皇宫的后苑。

慈宁宫花园　紫禁城内廷西路北部的慈宁宫，是太后、太妃颐养天年的居所，在慈宁宫南面建有慈宁宫花园，平时也作为太后、太妃等人的游憩休闲场所。

163

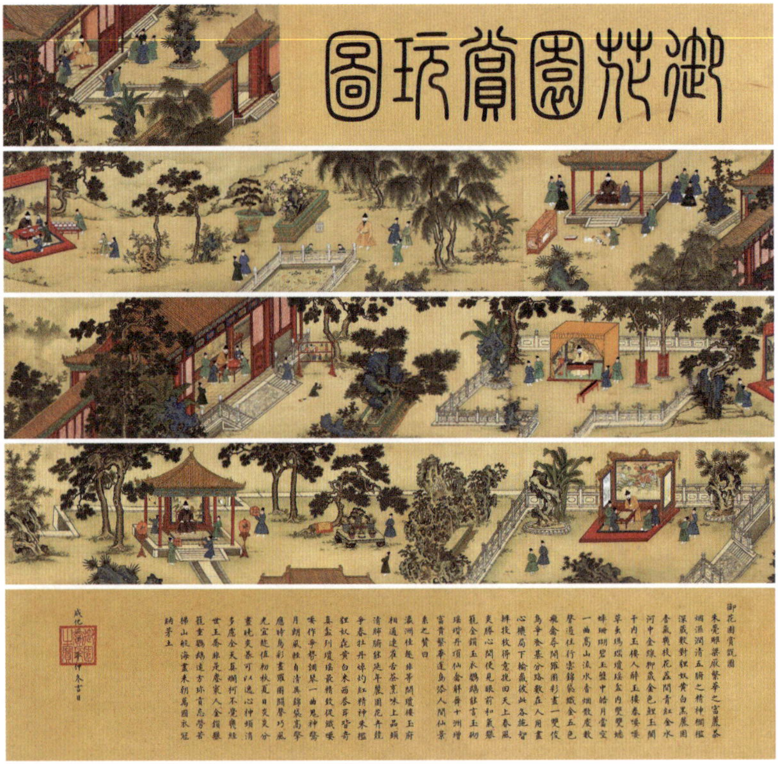

明·宫廷画家《御花园赏玩图》

慈宁宫花园鸟瞰图

　　紫禁城以外、皇城以内的园林是大内御苑的主要构成部分，主要的御苑包括西苑、兔园、东苑、南城和万岁山。

西苑 西苑是明代御苑中面积最大的一处，位于元代太液池的旧址，明初基本沿用原来的格局，直到天顺年间才对西苑有了较大规模的改扩建，向南拓展水面至南台，形成北、中、南三海的布局。北海中建了"琼华岛"，琼华岛以北增加了一些亭台楼榭和宫廷建筑，增强了北海的人工性，填平了北海圆坻与东岸之间的水体，使圆坻变为北海东岸伸出的半岛，并营造了砖砌的团城。

兔园 兔园位于西苑西侧、皇城西南角，原为元代的西御苑，嘉靖十三年（1534年）在这里营造了大明殿、清虚殿、鉴戒亭等，万历年间建了迎仙亭、福峦坊和禄渚坊，从而形成完整的御苑。

东苑 南城 东苑位于皇城东南，又称为"南内"，是皇帝在端午节观赏击球、射箭游戏的场所，后来因为东苑荒废，明皇室在东苑境内修建了小南城，供明英宗居住。明英宗恢复帝位后，对其进行扩建，使之成为完整的宫廷御苑——南城。

万岁山 万岁山又名"景山"，位于紫禁城以北的皇城中轴线上，山上有百果园、各种亭子、楼阁等。万岁山建设的目的主要是出于风水的考虑，用以镇压元朝的王气，最后成为北京城中轴线上的制高点，形成了全城的视觉焦点。

私家园林

明朝时期，江南地区经济发达，农业基础雄厚，农作物产量很高，是全国的主要粮仓之一，同时，手工业、商业的发展也非常繁荣，甚至在城市里出现了具有资本主义特点的生产方式。

江南地区山清水秀、物产丰富、气候温和、植被茂盛、河道纵横、水运交通发达，且文化教育水平较高，为园林营造提供了很好的条件。

城镇内外有大量的私家园林，其中，扬州、南京、无锡、苏州的园林尤其发达。

　　由于京杭大运河形成的便利的水运条件，再加上气候温和、环境优美、靠近长江、人口密集，南来北往的货物途经扬州交易集散，大量商人和文人官僚在扬州定居，扬州成为明朝首屈一指的大城市与商业都会。

　　明朝扬州商人以徽商居多，也有一部分赣商、粤商以及湖广商人。

　　徽商在其住宅营造中融入了徽派建筑的特色，苏州香山帮匠人也在扬州营造了一些寺塔与住宅园林建筑，从而使扬州的建筑与园林成为江南园林中的典型代表。著名的扬州私家园林是郑元勋的影园和郑元侠的休园。

影园复原鸟瞰图

　　南京是明朝初期的都城，永乐皇帝迁都后成为陪都，保留着一部分国家行政机构。

　　明代朝廷官员大多在南京购宅造园，一些皇亲贵戚也在南京建了宅园。明朝开国元勋中山王徐达在南京建了几处别业，营建了东园、西园、瞻园（王府西花园）、斑竹园等住宅园林。

　　其中，位于大宫坊的瞻园是最具代表性的明代园林。

瞻园　　瞻园园名取自北宋诗句"瞻望玉堂，如在天上"之意，经过徐氏后人的不断经营，尤其是徐达七世孙太子太保徐鹏举筑山凿池，建了亭台楼榭，逐渐形成规模。万历年间徐达九世孙魏国公徐维志再次大力营造，奠定了基本格局。清朝顺治年间，瞻园成为江南行省布政使署、江宁布政使署衙门所在，园林性质变更为衙署园林。乾隆皇帝曾慕名巡幸瞻园，并题写了匾额。

明·文徵明《东园图卷》

清·袁江《瞻园图卷》

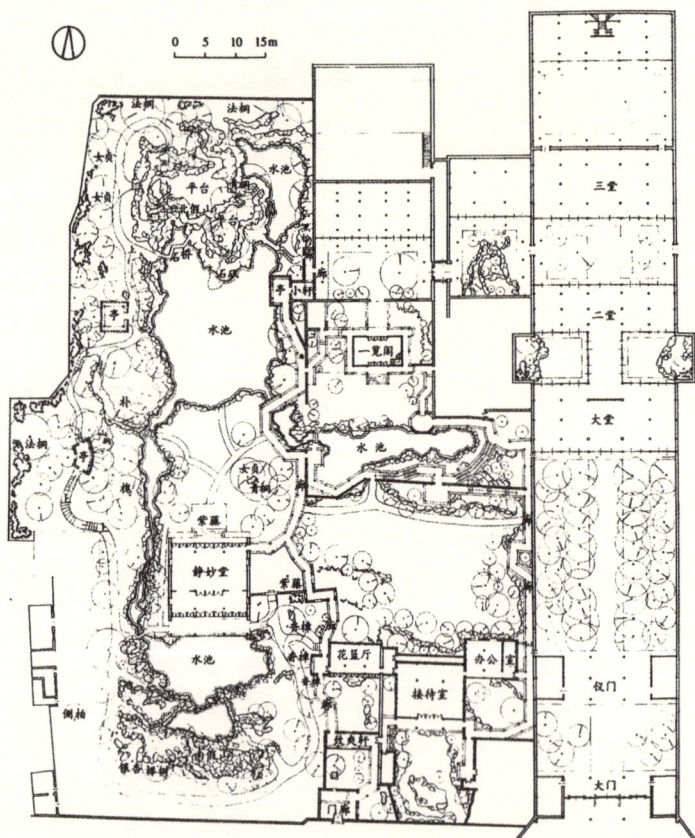

瞻园平面图

除扬州、南京之外，江南地区的苏州、无锡等城市也建了大量的私家园林。

苏州、无锡地处太湖之滨，水网纵横，植被丰富，风调雨顺，物产富饶，历史悠久，且经济、文化发达。

苏州自古就有对风景的开发，自宋朝以来，大量文人官僚归隐苏州，他们在苏州城内外营造了文人住宅园林，到了明代形成中国园林史上一个非常重要的造园流派——苏州园林，对皇家园林也产生了重要影响。

明代最著名的苏州园林是拙政园。

无锡位于苏州西北部，西郊的惠山西临太湖，山形秀美，以惠山泉著称，山中建了惠山寺，自唐宋以来就是人们的游览胜地。

明朝中期，尚书秦金在惠山寺北侧营造了别墅园林凤谷行窝，其后代湖广巡抚秦燿罢官回乡后大肆改造此园，改名为寄畅园，营造了寄畅园二十景。

此外，作为明朝首都北京的私家园林，史书记载的不少。宅园散布于内城和外城各处，尤其以内城的风景游览地什刹海一带比较多。

北京郊外的私家园林多为别墅园，绝大部分散布在西北郊一带，

169

最享盛誉的当数武清侯李伟所建的清华园和著名书画家米万钟所建的
勺园。

明代主要园林一览表

类型	名称	地点	建造者
皇家园林	孝陵	南京	明太祖
	御花园	北京	明成祖
	慈宁宫花园	北京	明世宗
	西苑	北京	明英宗
	兔园	北京	明英宗
	东苑	北京	明成祖
	南城	北京	明英宗
	万岁山	北京	明成祖
	南苑	北京	明成祖
	上林苑	北京	明成祖
私家园林	影园	扬州	郑元勋
	休园	扬州	郑元侠
	东园	南京	徐天赐
	西园	南京	徐达
	王府西花园（瞻园）	南京	徐鹏举
	斑竹园	南京	徐达
	拙政园	苏州	王献臣
	东庄	苏州	吴宽家
	归田园居	苏州	王心一
	寄畅园	无锡	秦金
	勺园	北京	米万钟
	清华园	北京	李伟
	豫园	上海	潘允端
	止园	常州	吴亮
	寓园	绍兴	祁彪佳

名园
轶事

拙政园
——江南园林的颜值担当和杰出代表

　　拙政园位于古城苏州东北角（东北街178号），是苏州现存最大的古典
园林。始建于明朝，距今已有500多年历史，是江南古典园林的代表作品。

明正德初年（1506年），因官场失意而还乡的御史王献臣，在大弘寺旧址基础上加以拓展，建成园林，根据晋代潘岳《闲居赋》的含义❶，取名为"拙政园"。

1961年，拙政园被国务院列为全国第一批重点文物保护单位，与同时公布的北京颐和园、承德避暑山庄、苏州留园一起被誉为中国四大名园。1991年被国家计委、旅游局、建设部列为国家级特殊游览参观点。1997年被联合国教科文组织批准列入《世界遗产名录》。2007年被评为首批5A级旅游景区。

拙政园之所以有这么高的知名度，其中主要有两个原因。

一个原因是，拙政园是我国民族文化遗产中的瑰宝，是江南古典园林中的佳作，其布局设计、建筑造型、书画雕塑、花木园艺等方面都有独到之处。

另一个原因是，拙政园曾经为许多在历史舞台上叱咤风云的人物提供了活动场所。其中，有江南文豪钱牧斋和爱妾柳如是；有明末御史、刑部侍郎王心一；有清初海宁籍弘文院大学士、礼部尚书陈之遴；有平西王吴三桂的女儿、女婿；有太平天国忠王李秀成；有江苏巡抚李鸿章和张之万。

辛亥革命后江苏都督程德全通告全省，在园内召开江苏临时省议会；抗战胜利后，爱国诗人柳亚子在园内办过"社会教育学院"。

相传，康熙年间，《红楼梦》作者曹雪芹的祖父曹寅担任苏州织造，织造衙门设在葑门，而家眷住在拙政园内。曹寅升迁江宁织造时，推荐内弟李煦接替，家眷住在园内达二三十年之久。

拙政园占地5.2公顷。全园以水为中心，山水萦绕，厅榭精美，花木繁茂，充满诗情画意，具有浓郁的江南水乡特色。

园林的布局主题主要是以水为中心，围绕着水而展开，池水面积占了总面积的五分之一，剩余的五分之四就是各类建筑以及花草树木。

花园为三个部分：东部，曾取名为"归田园居"，

❶《闲居赋》是晋代文学家潘岳创作的一篇赋。作者总结了自己做官的经历：八次调换岗位，一次提升官阶，两次被撤职，一次被除名，一次没就任，三次被外放。作者从个人三十年的宦海浮沉中看到自己是个拙者。因此在《闲居赋》中表现自己厌倦官场和隐逸的情怀。赋中有一句："于是览止足之分，庶浮云之志，筑室种树，逍遥自得。池沼足以渔钓，春税足以代耕。灌园鬻蔬，供朝夕之膳；牧羊酤酪，俟伏腊之费。孝乎惟孝，友于兄弟，此亦拙者之为政也。"可翻译为："我恪守知止知足的本分，收敛起富贵的念头，在乡间盖房植树，过起逍遥自在的生活。池塘的鱼，足以供我垂钓；春米为税，足以使我耕田。灌园卖菜，用以供给早晚的饭食；牧羊囊乳，用以供给伏腊祭祀的费用。孝顺父母，友善兄弟，这也是不善为政者之为政啊。"这句话充分说明了作者对归隐田园、闲居生活的向往和喜爱。

以田园风光为主，开阔疏朗；中部，也称为"复园"，以池岛假山取胜，是拙政园的精华所在；西部，也称为"补园"，建筑精美，园内建筑物大都建成于清代，其建筑风格明显有别于东部和中部。花园南部为住宅区，体现了典型江南民居多进的格局。

拙政园中部的造景是做得最好的。

它利用原来自然的溪池，形成一片狭长而又四处连通的水面。

池的北面堆了两座小山，南面是整齐而又自然伸展的岸壁。

从水池东面向西看，园外北寺塔巍峨高峻、身姿耸立。眼前美丽的花池绿树和远处的高塔是一种景色的对比，而高高的塔身恰好又倒映在水池之中，这是借景的妙笔。

在水池的四周，山上、岸边、池端、廊道都建了各种式样的亭子，这些亭子和周围的环境形成一组组对景。每一个亭子正对着另一个亭子，在空间布局上是相对的。

亭子屋顶的做法就有不同。如"雪香云蔚"亭对着"远香堂"，都是长方形歇山屋顶，但一座是有竖脊的，另一座是无脊卷棚。

水池东端的"梧竹幽居"方亭配以圆形的门框，四面都是月洞门，而在远远的对面，水池西端的"别有洞天"也是方亭圆形门，却是一个墙壁加厚了的深月洞门，"梧竹幽居"和"别有洞天"是四个圆洞对一个圆洞。

这些亭子从其题名匾额和周围种植的树木花卉也可看出造园者的匠心。

"雪香云蔚"——种植梅花，体现春景；"荷风四面"——种植荷花，体现夏景；"待霜"——种植红枫，体现秋景；"绣绮"——种植蜡梅，体现冬景。这就是四季景色的对应。

"香洲"是旱舫，隔河相对的是"倚玉轩"，两房相对，香洲船舱内装了一面大镜子，将对岸的景色映现出来。

沿路走过去是"得真亭"，亭内正面壁上镶有整片的镜子，使走过的游客都会产生错觉，以为前面还有一片深邃的花园。这里都是运用的幻景手法。

在拙政园的水池东南面是一组院落，把大空间划分成一组小空间，用房、廊、墙相互分隔成不同的景致，而这些院落又是连通的，组成封闭安静而又有意境的景色。

这里有"海棠春坞"观花弹琴，"听雨轩"纳凉赏雨，"玲珑馆""嘉实亭"尝果看竹。

而往西另一侧的"玉兰堂""志清意远"以及"小沧浪"，那是品茶待客的地方。

整个园林是大园和小院的对比，是用开敞和隐蔽的对比，组成不同的景区。

明代吴门四画家之一的文徵明参与了造园。嘉靖十二年（1533年），文徵明根据园中景物绘制了三十一幅图，都作了诗，并且写了一篇《王氏拙政园记》。

文人、画家的参与，将大自然的山水景观提炼到诗画的高度，并转化为园林空间艺术，使得此园更富有诗情画意的特点，成为中国古典园林、苏州园林的一个优秀的典型实例。

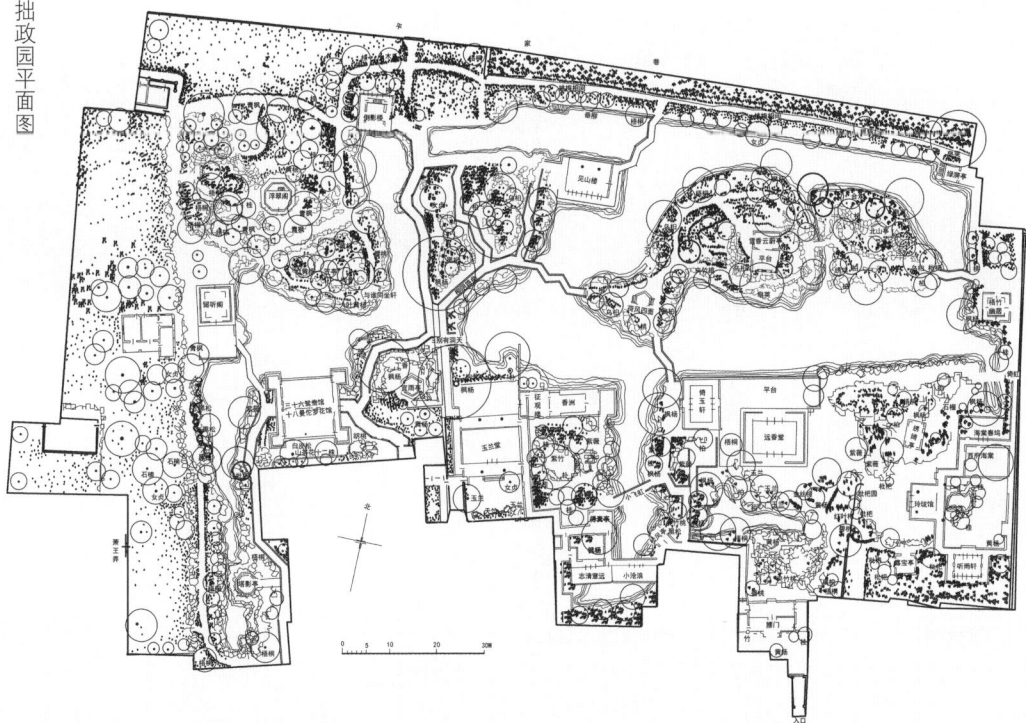

拙政园平面图

拙政园鸟瞰图

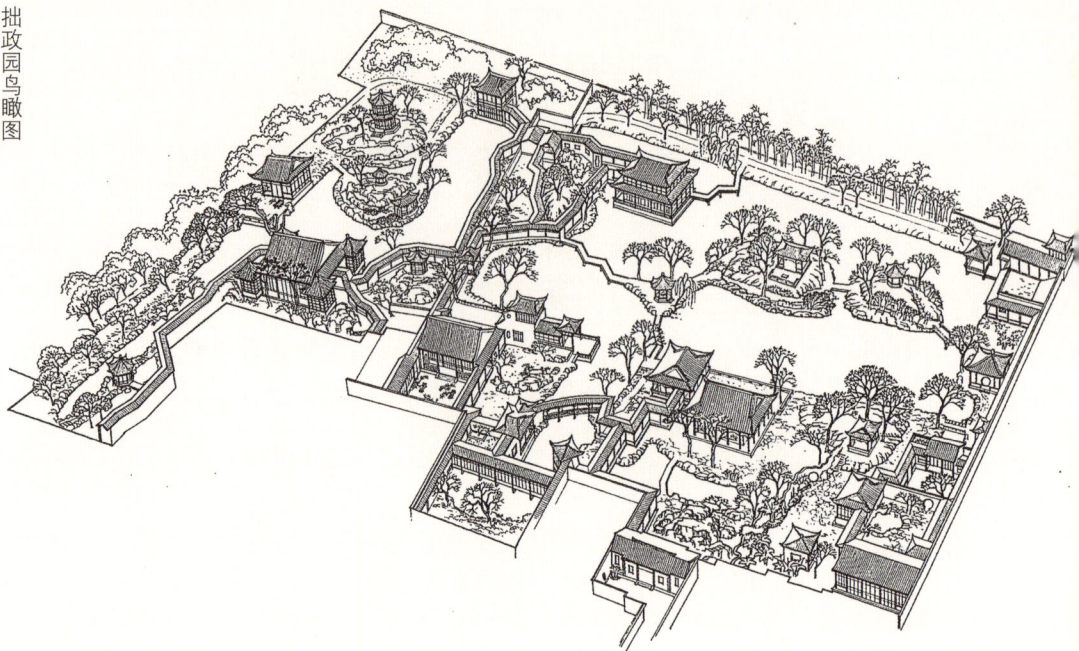

明·文徵明《拙政园图咏》（部分）

香洲

小飞虹

与谁同坐轩

见山楼

寄畅园
——康熙、乾隆最爱的江南名园

寄畅园是一处始建于明代的古典园林，位于江苏省无锡市惠山横街，毗邻惠山寺，属于山麓别墅类型的园林。

园址原为惠山寺僧舍，明嘉靖初（约1527年前后）曾任南京兵部尚书的秦金买下此处，建为园林，取名"凤谷山庄"。

万历十九年（1591年），秦金后人秦燿被朝廷解职。回无锡后，他将自己的抑郁之情寄托于山水之间，疏浚池塘，改造园林，构筑了二十处景点，根据王羲之《答许椽》诗中的两句："取欢仁智乐，寄畅山水阴"，取名为"寄畅园"。

1988年1月13日，国务院公布寄畅园为全国重点文物保护单位。

寄畅园全园面积为14.85亩，南北长，东西窄。园景布局以水池为中心，根据惠山东麓山势布置假山，形成惠山的余脉。

又引来山泉，建造了曲折的山涧，涧中石路迂回，森林茂密，泉水清澈，水声潺潺，世称"八音涧"。其命名是说它好像是用"金、石、丝、竹、匏、土、革、木"等八种材料制成的乐器，合奏出"高山流水"的天然乐章。

山涧的水流入水池"锦汇漪"之中。水池四周修建了郁盘亭廊、知鱼槛、七星桥、涵碧亭及清御廊等建筑，与假山相映成趣。

总体上说，寄畅园以巧妙的借景、自然的山水、高超的叠石、精美的建筑、葱郁的植物，在江南园林中别具一格。

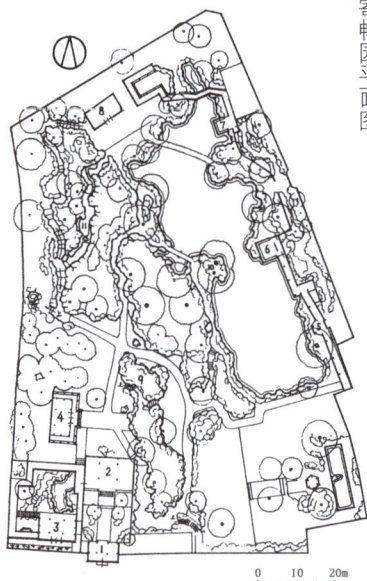

寄畅园平面图

1-大门；2-大厅；3-秉礼堂；4-双孝祠；5-郁盘；6-知鱼槛；
7-涵碧亭；8-环彩楼；9-九狮山；10-鹤步滩；11-八音涧；

八音涧鸟瞰图

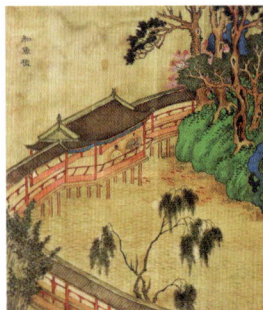

明·宋懋晋《寄畅园五十景图》（部分）

176

寄畅攀香

清·乾隆《南巡盛典》、清·道光《鸿雪因缘图记》中的寄畅园

说到这里，必须介绍一下寄畅园的设计者，当时著名的叠山大师张南垣。

张南垣（1587—1671年），名涟，字南垣。明末清初造园家。

明朝嘉靖以来，江南盛行叠石造园，一时间各地名园迭起，山师（当时对叠石名师的称呼）身价倍增，其中最有名的就是张南垣。

从顺治年间到康熙年间，张南垣先后在松江、嘉兴、江宁、金山、常熟、太仓一带筑园叠山，史书记载由他营造或参与督造的名园有十多处。

除无锡寄畅园外，太仓的南园和西园、嘉兴的烟雨楼、苏州的东园、山东潍坊的偶园、上海的豫园，以及皇家园林畅春园、静明园、清漪园和京城西苑中南海等处的假山，都是他的代表作。

张南垣有四个儿子，都继承父业，尤其是张然、张熊名气比较大，他的侄儿张武也得到他的真传，成为当地有名的山师。

张南垣筑园叠石崇尚自然，筑园前必先察看地形，再根据地形地貌、古树名木的位置巧作构思，随机应变设计图纸，胸有成竹后才开始施工。

他主张根据造园地点的自然情况选择叠山材料，追求模拟自然山水的意境。

他堆叠假山以土为主，因此他建造的名园、堆叠的假山很少使用石材，匠心独运，给人以自然天成的感觉，这种手法被称为"土包石"筑园法，别具一格。

顺治十三年（1656年），宋代文学家秦观的后裔、无锡秦德藻慕名到松郡请张南垣出山，主持设计改造寄畅园。

张南垣派高徒、侄子张武负责施工，在园内精心叠石，点缀园景，并将惠山泉水弯弯曲曲地引入园中。

通过张南垣的创意改造，寄畅园顿时旧貌换新颜，风景更美，名声更大。

凡是各地的诗人墨客、社会名流到无锡游玩，一定会参观寄畅园。

康熙、乾隆两位皇帝对寄畅园更是十分喜爱，祖孙俩分别六次下江南，每次必到此园游览，留下了许多诗篇、匾额和楹联。

乾隆帝还曾下令宫廷画师照着寄畅园的景色进行描绘，回京后在清漪园（今颐和园）内仿造了一座园林，取名惠山园，现在叫作谐趣园，开创了中国园林成功克隆的先例。

"古代雅致生活宝典"
——明清三大造园家及其造园名著

明朝至清初，文人园林的大发展，极大地促进了江南园林艺术达到高峰。一大批掌握造园技巧，有文化素养的造园匠师应运而生。

这一时期涌现出的江南著名的造园匠师，如上文提到的叠山大师张南垣父子，还有叠山大师张南阳、造园大师计成、李渔、文震亨等。

与此同时，江南的私家造园在广泛实践的基础上，积累了大量的创作和实践经验，文人、造园家与工匠三者的结合，又促成这些宝贵经验向系统化和理论化方面升华。

于是，这个时期便出现了许多有关园林的理论著作问世，其中，《园冶》《闲情偶寄》《长物志》是比较全面而有代表性的三部著作。

计成与《园冶》

计成（1582—?），字无否（pǐ），号否道人。原籍松陵（今江苏省苏州市吴江区同里镇），明代著名造园家。

计成青少年时代家境较好，受到良好的教育，曾广泛阅读经史子集，在诗词绘画方面有相当的素养，在年轻时走南闯北，四处游历。

中年以后，家境逐渐衰落，他本人也不顺利，一生艰辛坎坷，没有考取功名。但他从小就喜欢山水和风景，因此将园林营造作为自己毕生的职业。

计成青年时代游历过北京、湖广等地。中年回到江南，定居镇江，开始造园。

有一次，计成受邀参观别人堆叠的假山，觉得造型太假，主张应该按照真山形态堆叠假山，并且动手完成了这座假山的建造。计成这次堆叠的假山形象逼真，变化巧妙，他因此名闻遐迩。

明天启三年（1623年），计成应时任江西布政使的吴玄之邀，在常州城东建造了东第园。这据说是计成建造的第一座江南私家园林。

当时，吴玄在常州城东得到了一块地基，面积只有十五亩。吴玄要求用其中十亩来建住宅，余下的五亩造园，这真的是"螺蛳壳里做道场"了。

但是，计成提出了"巧于因借，精在体宜"的造园原则，即"巧妙地因形借势，使其自然顺畅，并且形状适宜，大小得体"，巧夺天工地展现了这座园林的诗情画意。

园子建成后，吴玄高兴地说：从进园到出园，虽然只有四百来步，但我自以为江南胜景已经尽收眼底了。

此外，计成的代表作还有明代崇祯五年（1632年）在仪征县（今江苏仪征）为汪士衡修建的寤园，在南京为阮大铖修建的石巢园，在扬州为郑元勋改建的影园等。

计成在造园实践之余，整理了修建吴氏园和汪氏园的部分图纸，于崇祯七年（1634年）写成了中国最早和最系统的造园著作——《园冶》，被誉为世界造园学最早的名著。

《园冶》是计成将园林创作实践总结提高到理论的专著，全书论述了宅园、别墅营建的原理和具体手法，反映了中国古代造园的成就，总结了造园经验，是一部研究古代园林的重要著作。

《园冶》为后世的园林建造提供了理论框架以及可供模仿的范本。同时《园冶》采用骈体文的方式撰写，在文学上也颇有成就。

《园冶》分为"兴造论"和"园说"两部分。

其中"兴造论"相当于总论；"园说"又分为相地、立基、屋宇、装折、门窗、墙垣、铺地、掇山、选石、借景10篇，阐述了造园观点，绘制了235幅造墙、铺地、造门窗等图案。既有实践总结，也有对园林艺术的见解和论述。

如今园林设计师经常挂在嘴边的"虽由人作，宛自天开""巧于因借，精在体宜"等造园思想，就是《园冶》里提出来的。

李渔与《闲情偶寄》

李渔（1611—1680年），字谪凡，号笠翁。浙江金华府兰溪县夏李村人，生于南直隶雉皋（今江苏省如皋市）。明末清初文学家、戏剧家、戏剧理论家、美学家、造园家。

李渔自幼聪颖，素有才子的美誉，曾在家中开设戏班子，到各地演出，从而积累了丰富的戏曲创作、演出经验，提出了较为完善的戏剧理论体系。他被后世誉为"中国戏剧理论始祖""世界喜剧大师""东方莎士比亚"，是休闲文化的倡导者、文化产业的先行者，被列入世界文化名人之一。

李渔一生著述丰富，著有《闲情偶寄》《笠翁十种曲》《无声戏》（又名《连城璧》）《十二楼》《笠翁一家言》等五百多万字。还批阅《三国志》，改定《金瓶梅》，倡议编制《芥子园画谱》等，是中国文化史上一位不可多得的艺术天才。

李渔的代表作《闲情偶寄》是与造园有关的经典著作，包括《词曲部》《演习部》《声容部》《居室部》《器玩部》《饮馔部》《种植部》《颐养部》等八个部分，论述了戏曲、歌舞、服饰、美容、园林、建筑、花卉、器玩、养生、饮食等艺术和生活中的各种现象，并阐发了自己的主张，内容极为丰富。

其中，《居室部》是李渔园林美学观念的集中反映。

李渔一生中设计的园林作品包括：北京弓弦胡同的半亩园、家乡婺州兰溪伊山之麓的伊园、中年定居金陵（南京）时所造的芥子园和晚年迁居杭州时所经营的层园。

他在造园实践中的许多心得与理念就体现在《居室部》之中。

在《居室部·窗栏第二》中，李渔强调"取景在借"。江南园林景色的美妙处就是将自然之景"借"入人造的屋舍。这里提倡的是园林之内与园林之外的相通、自然之景与人造之景的结合。

李渔的造园方法论，由于他自身所处的介于"仕"与"商"之间的复杂身份，也体现出浓厚的实用与功能意识。

居住的房屋至少得满足遮风御寒的基本功能。服务于功能的形式就是最适宜的形式，李渔所设计的"活檐"出乎当时传统园林建造的常制之外，具有灵活实用的特点。

另外，李渔建议为水中的舫制作"便面"窗，沿用到房屋营造中；另有"无心画""山水图窗""尺幅图窗""梅窗"等，别出心裁。这就是所谓"框景"做法。

在戏曲方面，李渔力求行文浅显生动，近于本色表演。而在园林设计中，李渔则以"顺从物性"为主线，依旧遵循自然之理。山石丛景、亭台楼阁的编排构造均应模拟自然，顺应当地的环境，利用对比与反差，自然能造出巧妙而雅致的园林。

文震亨与《长物志》

文震亨（1585—1645年），字启美，明代作家、画家、造园师，出生于长洲县（今江苏省苏州市），是文徵明的曾孙。

文震亨擅长诗文绘画，善于园林设计。著有《长（zhàng）物志》十二卷，为传世佳作。并撰写了《香草诗选》《仪老园记》《金门录》《文生小草》等。

"长物"，意思是身外之物，饿了不能当饭吃、冷了不能当衣穿。但凡是在闲暇时把玩的事物，自古以来就有雅俗之分。文震亨把"长物"叫作"入品"（即入流），是非常雅致的事物。

《长物志》分为十二类，与园林直接有关的有室庐、花木、水石、禽鱼、蔬果五类，另外书画、几榻、器具、衣饰、舟车、位置、香茗七类也与园林有间接的关系。

相比于《园冶》，《长物志》更多地注重对园林的玩赏，与《园冶》更多地注重园林的技术性问题正可互为补充。

此外，《园冶》因为是立足于江南的造园实践，而江南花卉繁茂，水源充沛，所以计成对此描述不多；《长物志》则主要是针对北方的造园实践，而北方草木珍稀，水源稀缺，所以，文震亨对此非常重视。

《长物志》里提出了如下造园思想：水、石是园林的骨架，"石令人古，水令人远，园林水石，最不可无。"叠山理水的原则是："要须回环峭拔，安插得宜""一峰则太华千寻，一勺则江湖万里"。

"不到园林，怎知春色如许"
——汤显祖的《牡丹亭》

"不到园林，怎知春色如许?"这样朗朗上口的戏词背后，是园林和戏曲的结合。

美若画境的园林，是不少戏作家笔下浪漫爱情的起点。美妙动人的爱情故事，在美轮美奂的园林中发生。其中最广为人知的便是汤显祖的《牡丹亭》。

汤显祖（1550—1616年），字义仍，号海若、若士、清远道人，明代戏曲家、文学家，江西临川人。他不仅精通古文诗词，而且知晓天文地理、医药占卜等方面。他34岁中进士，曾在朝为官，后因朝廷腐败而辞官，潜心于戏剧及诗词创作。

在汤显祖多方面的成就中，以戏曲创作为最，其戏剧作品《牡丹亭》（又名《还魂记》）《紫钗记》《南柯记》和《邯郸记》合称"临川四梦"，都以"爱情"为主题。

这四部戏中最出色的是《牡丹亭》，写一个女孩因情而死，又因情而复生的故事。

在《牡丹亭》之前，中国最具影响力的爱情题材戏剧作品是《西厢记》。而《牡丹亭》一问世，便令《西厢记》减色不少。

这些剧作不但为中国人民所喜爱，而且已传播到英、日、德、俄等很多国家，被视为世界戏剧艺术的珍品。

《牡丹亭》共55出，写杜丽娘和柳梦梅的爱情故事。

故事发生在南宋。

南安太守杜宝有个女儿，名叫杜丽娘。丽娘十六岁，才貌出众，尚待字闺中。杜宝为她请了个老师在家中授课。

杜丽娘读到《诗经·关雎》中"关关雎鸠，在河之洲。窈窕淑女，君子好逑"的诗句时，心里对男女姻缘之事产生了感伤和憧憬。

有一年春天，杜宝下乡鼓励农耕。

趁着父亲外出，杜丽娘第一次游玩了后花园。从花园回来后，杜丽娘在昏昏睡梦中，见到一位书生拿着柳枝前来求爱，两人在牡丹亭畔幽会。

可春梦醒来之后，书生不见了。

杜丽娘从此害起相思病，郁郁寡欢，逐渐消瘦，竟然一病不起。

她在临死之前，要求母亲把她葬在花园的梅树下面，同时嘱咐丫鬟春香将她的自画像藏在花园中牡丹亭旁的太湖石底下。

这个时候，金朝军队进犯南宋，攻打到淮扬一带。

杜宝升任淮阳安抚使，他把女儿安葬在梅花观，就匆匆奉命去淮扬镇守。

杜丽娘梦中的书生是岭南的贫寒书生柳梦梅。

他家道败落，决定离开家乡，到京城临安求取功名。

柳梦梅路过南安时，借住在梅花观中，在太湖石下面无意中捡到了杜丽娘的画像，发现这个女子就是他以前梦中见到的佳人。

刚好此时杜丽娘得到了阎王的准许，离开枉死城，她的魂魄来到梅花观，和柳梦梅再度幽会。

柳梦梅得知她是鬼魂后并不害怕，还设法取得了灵药，掘开了坟墓，让丽娘起死回生。二人一道去临安赴考，找杜宝夫妇相认，两人最终结为夫妻。

在杜丽娘身上，有大胆的感情。在柳梦梅身上，有知识分子的理想和委屈。49岁离开官场的汤显祖，在《牡丹亭》里写尽了他对生活的理解。《牡丹亭》比同时代的爱情剧高出一筹。

剧中关于杜丽娘、柳梦梅在梦中第二次见面就相好幽会，杜丽娘鬼魂和情人同居，还魂后才正式"拜天地"成婚的描写；关于杜丽娘不是死于爱情的被破坏，而是由于梦中获得的爱情在现实中难以寻觅，一时感伤而死的描写，都使它别具一格，显示了要求个性解放的思想倾向和浪漫夸张的艺术手法。

昆剧《牡丹亭》剧照

名园的博览会：
清代园林

时代_背景

那画面太美，我不敢看

清朝（1636—1912年）是中国历史上最后一个大一统封建王朝，共有十二位皇帝，历时二百七十六年。

康雍乾三朝走向鼎盛，在此期间，中国社会的各个方面在原有的体系框架下达到极致，改革最多，国力最强，社会稳定，经济快速发展，人口增长迅速，疆域辽阔，是皇家园林营造的高潮时期。

有清一代，我国统一多民族国家得到巩固，清朝统治者将新疆和西藏纳入版图，并在西南推行改土归流政策。最终确定了中国近代的版图，积极维护国家领土主权的完整。但是封建专制也推向了最高峰。

清朝中后期，由于政治僵化、文化专制、闭关锁国、思想禁锢、科技停滞等因素逐步落后于西方。

鸦片战争后多遭列强入侵，主权和领土严重丧失。也开始了近代化的探索，进行了洋务运动和戊戌变法等近代化改革。

甲午战争和八国联军侵华战争使得民族危机进一步加深。

清朝后期，中国彻底沦为半殖民地半封建社会。1911年，辛亥革命爆发，清朝统治瓦解，1912年2月12日，北洋军阀袁世凯逼迫末帝溥仪逊位，颁布了退位诏书，清朝从此结束。

清朝后期，随着封建社会的由盛而衰，经过外国侵略军的焚烧和抢夺之后，皇室就再也没有乾隆时期那样的气魄和财力来营建宫苑，皇家造园艺术也相应趋于萎缩，最终一蹶不振，从高峰跌落到低谷。

清代重视农业生产与水利工程，疏浚运河等漕运河道，促进了南北方商品交流和商业城镇的发展。江南地区的文人、官僚归隐后，大量购地造园，成为私家园林的代表。

私家园林一直承袭上代的发展水平，形成北方、江南、岭南三大地方风格鼎峙的局面，其他地区园林受到三大风格的影响，又出现各种亚风格。

文化的发展对文人园林的影响很深。

清朝小说以曹雪芹等著《红楼梦》为代表。《聊斋志异》《儒林外史》和晚清谴责小说均有很大影响。

清朝诗歌在中国历史上影响不大。早期，纳兰性德的《饮水词》为后人称颂。乾隆帝酷爱作诗，但很少有佳作。

被称为"诗界革命"的诗歌改良运动产生于戊戌变法前后，其代表有黄遵宪的诗，其余如谭嗣同、唐才常、康有为、黄遵宪、蒋智由、丘逢甲、夏曾佑均有作品。

京剧源于明朝的昆曲和京腔，形成于乾隆、嘉庆年间，是中国最大的戏曲剧种。其剧目之丰富、表演艺术家之多、剧团之多、观众之多、影响之深均为全国之冠。

清代的画坛由文人画占主导地位，山水画法和水墨写意画法盛行，更多画家追求笔墨情趣，在艺术形式上翻新出奇，并涌现出诸多不同风格的流派。

清初朱耷、石涛的山水花鸟画，中期的"扬州八怪"，清末任伯年、吴昌硕的仕女花鸟画及杨柳青、桃花坞和民间年画均对后人有很大影响。

清朝宫廷有一批御用画家供职，根据皇帝的旨意进行绘画，其作品受到宫廷中传教士郎世宁等人带来的西方绘画透视与明暗法的影响，具有中西结合的特征，其中的代表人物为焦秉贞、冷枚、唐岱等。

随着国际、国内形势的变化，西方园林文化和造园技艺开始进入中国。乾隆年间的皇家园林、东南沿海的一些私家园林，其中掺杂着不少的西洋因素，但多半限于局部和细部，并未引起园林总体上的变化。

此外，公共园林在上代的基础上，又有长足发展。但多半还是出于自发的状态，远未达到成熟的境地。

这个时期的园林实物大量完整地保留下来，大多数都是经过修整开放作为公共观光游览的场所。因此，一般人们所了解的"中国古典园林"，其实就是清朝时期的中国园林。

清代园林思维导图

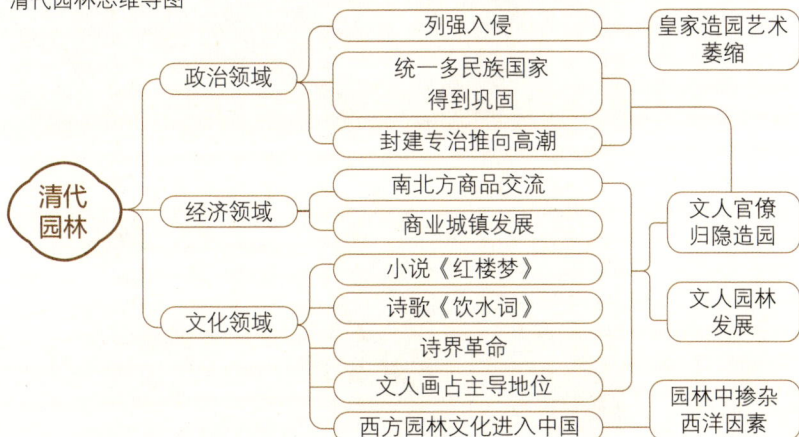

```
           ┌─ 政治领域 ─┬─ 列强入侵 ──────────── 皇家造园艺术
           │           │                         萎缩
           │           ├─ 统一多民族国家
           │           │   得到巩固 ──────────┐
           │           └─ 封建专治推向高潮 ───┘
清代        │
清代 ──────┼─ 经济领域 ─┬─ 南北方商品交流 ─┐  文人官僚
园林        │           └─ 商业城镇发展 ───┤  归隐造园
           │                               │
           │           ┌─ 小说《红楼梦》 ─┤  文人园林
           │           ├─ 诗歌《饮水词》 ─┘  发展
           └─ 文化领域 ─┼─ 诗界革命
                       ├─ 文人画占主导地位
                       └─ 西方园林文化进入中国 ── 园林中掺杂
                                                  西洋因素
```

園林简史

园林风格的成熟期

谁谓今日非昔日，
端知城市有山林。

——清·乾隆《狮子林得句》

皇家园林

清朝建立后，经过短暂的内乱，到康熙、乾隆年间，国力达到了前所未有的巅峰，开始了大规模的皇家园林建设。

清朝皇家园林追求宏大的气势，在规模和气派上都超过明朝。

清·徐扬《京师生春诗意图》

　　康熙时期，大内御苑主要是对原来的西苑进行了较多的改建与增建。

西苑

　　此时，西苑太液池已经有了北海、中海、南海的称呼。康熙在太液池西北原清馥殿遗址处建造了宏仁寺。东岸崇智殿改建为万善殿。在西苑南海增建了很多宫殿，并修筑围墙使其成为完整的皇家宫苑区，北岸新建了勤政殿，原来的岛屿南台改称为"瀛台"，并在岛上新建了规模较大的宫殿建筑群，作为其日常处理政务和接见朝臣的地方。

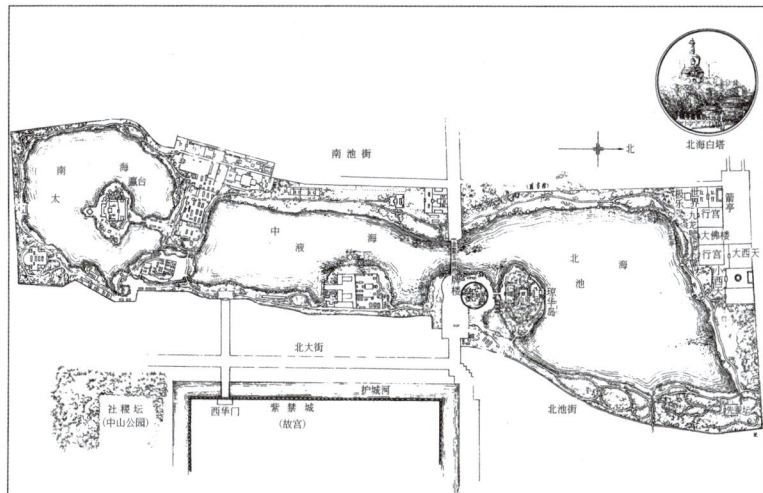

　　康熙时期由于政治局面安定，北京西北郊风光优美、气候宜人，与紫禁城之间的交通也比较便利，被作为营造行宫御苑与离宫御苑的首选之地。代表性的有**静明园**、**畅春园**、**避暑山庄**、**圆明园**等。

静明园

康熙十九年（1680年）在玉泉山建造了澄心园，后改名为"静明园"，这座行宫御苑是康熙游览西郊的临时居住之处。静明园内以山景为主，水景为辅，前者突出天然风景，后者突出园林经营。

畅春园

康熙二十三年（1684年），在西北郊的河湖平原地带，清华园废址上，营造了明清以来第一座离宫御苑——畅春园。畅春园吸收了康熙南巡时所见的江南园林风格，还聘请了江南叠山大师张然主持园内筑山工程，建成之后成为皇帝处理政务、接见大臣和常年居住的皇家园林。

避暑山庄 清王室从训练军队和巩固对蒙古部落的关系角度出发，在塞外设置了木兰围场，康熙二十二年（1683年）开始定期举行木兰围猎活动，在狩猎活动中提升清朝皇族与军队的军事技能，同时召见、宴请蒙古部落王公贵族，巡视防务，体察民情。木兰围场距离京城350公里左右，为解决人员的吃、住要求，朝廷在沿路设置了一系列的行宫。由于木兰围猎随行人员日益增多，活动也较为丰富，花费时日较长，为了方便在围猎时兼顾处理政务，康熙四十二年（1703年），康熙选择在河北承德的山水形胜之地营造了规模巨大、技艺精美的避暑山庄，这是清朝第二座离宫御苑。

圆明园 康熙曾赐予他的第四个儿子胤禛一座花园，位于畅春园北侧。康熙去世后，胤禛继位，就是雍正皇帝。雍正将该花园大肆扩建，命名为"圆明园"，这是清朝第三座离宫御苑。圆明园是中国园林中的集大成者，雍正长期在此居住，处理朝政，接见大臣与使节，举行朝会和仪式大典，实际上成为清朝第二个政治中心。圆明园的布局水系萦绕、丘陵起伏，如此大规模的园林营造导致原有水源供水不足，而北京城日益增加的人口也增加了用水的压力。为解决用水问题，朝廷将玉泉山水系向东引来与万泉庄水系汇合，经圆明园内部水系流入清河，为后期的园林营造奠定了基础。

进入乾隆年间后，皇家园林建设达到历史上的高潮，新建、扩建的园林面积总计上千公顷。这些园林投入财力巨大，并且吸收了江南园林艺术的精华，并对江南名园进行模仿和再现，与此同时，融入了西方园林文化和造园技艺，形成了所谓"集景式园林"。

这一时期，新建园林主要是行宫御苑与离宫御苑。

在北京的西北郊建成了皇家园林集群，其中圆明园、畅春园、香山静宜园、万寿山清漪园、玉泉山静明园规模宏大，被称为"三山五园"，是中国皇家园林中的精品。

另外还扩建了承德避暑山庄等离宫御苑。

| 静宜园 | 乾隆十年（1745年）扩建了康熙时期修建的香山行宫，改名为静宜园。静宜园位于香山东坡，是一座雄浑大气的大型山地园，也相当于一处园林化的山岳风景名胜区。 |

| 清漪园 | 乾隆十五年（1750年）在北京西北郊依托瓮山与西湖营造清漪园，并将瓮山改称万寿山，西湖改称昆明湖。 |

| 避暑山庄 | 康熙时已基本建成，乾隆时期扩建的避暑山庄在清代皇家各园中规模最大，平原景区宛如塞外景观，山岳景区象征北方名山，这是移天缩地、荟萃南北风景于一园之内的杰作。园内形成所谓"乾隆三十六景"。 |

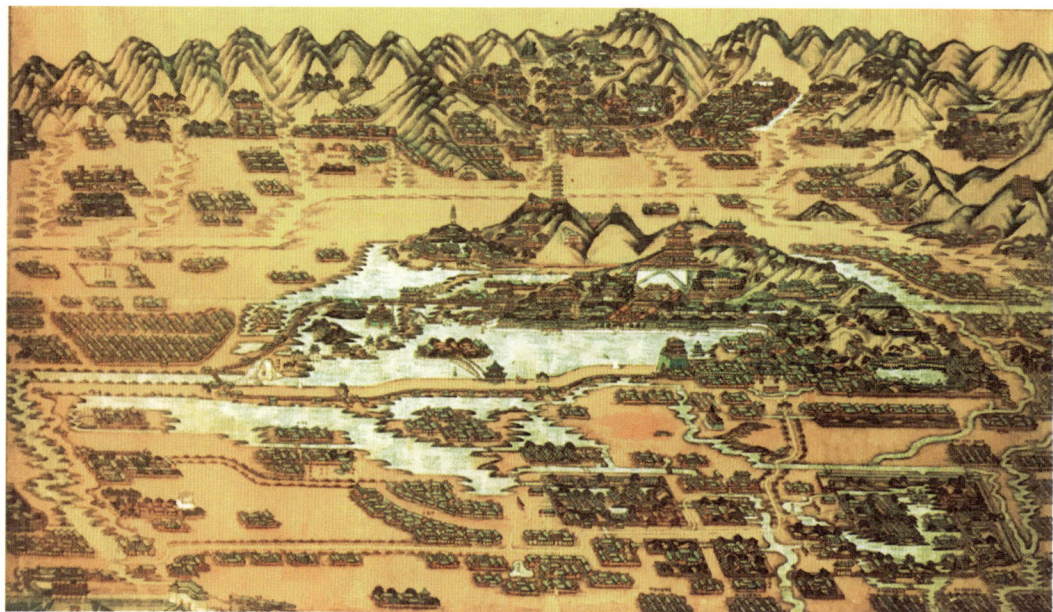

《三山五园外三营地理全图》中的畅春园

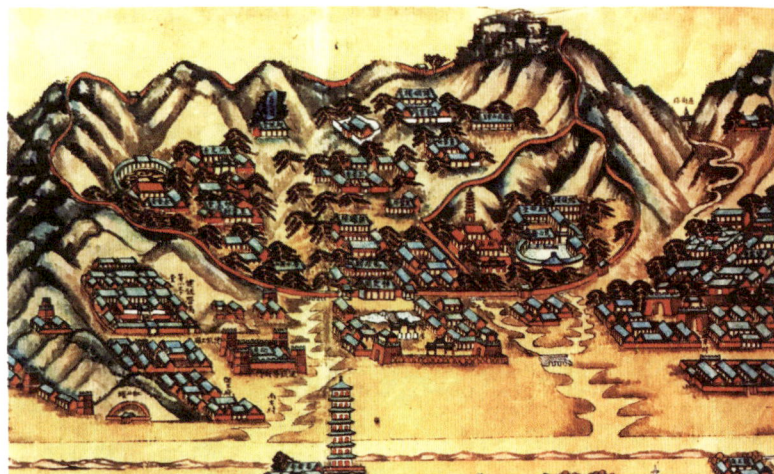

《三山五园外三营地全图》中的香山静宜园

《三山五园外三营地理全图》中的玉泉山静明园

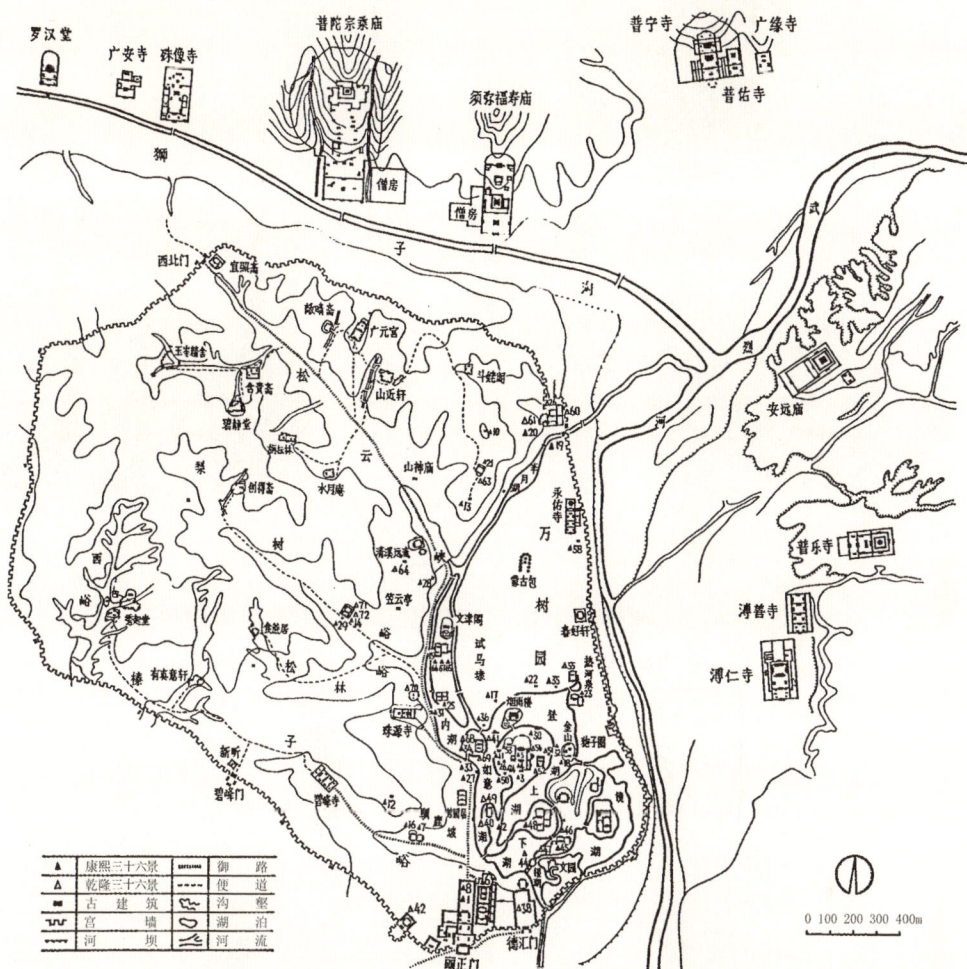

康熙三十六景

1—烟波致爽　2—芝径云堤　3—无暑清凉　4—延薰山馆
5—水芳岩秀　6—万壑松风　7—松鹤清樾　8—云山胜地
9—四面云山　10—北枕双峰　11—西岭晨霞　12—锤峰落照
13—南山积雪　14—梨花伴月　15—曲水荷香　16—风泉清听
17—濠濮间想　18—天宇咸畅　19—暖流喧波　20—泉源石壁
21—青枫绿屿　22—莺啭乔木　23—香远益清　24—金莲映日
25—远近泉声　26—云帆月舫　27—芳渚临流　28—云容水态
29—澄泉绕石　30—澄波叠翠　31—石矶观鱼　32—镜水云岑
33—双湖夹镜　34—长虹饮练　35—甫田丛越　36—水流云在

乾隆三十六景

37—丽正门　38—勤政殿　39—松鹤斋　40—如意湖
41—青雀舫　42—绮望楼　43—驯鹿坡　44—水心榭
45—颐志堂　46—畅远台　47—静好堂　48—冷香亭
49—采菱渡　50—观莲所　51—清晖亭　52—般若相
53—沧浪屿　54—一片云　55—萍香泮　56—万树园
57—试马埭　58—嘉树轩　59—乐成阁　60—宿去檐
61—澄观斋　62—翠云岩　63—罨画窗　64—凌太虚
65—千尺雪　66—宁静斋　67—玉琴轩　68—临芳墅
69—知鱼矶　70—涌翠岩　71—素尚斋　72—永恬居

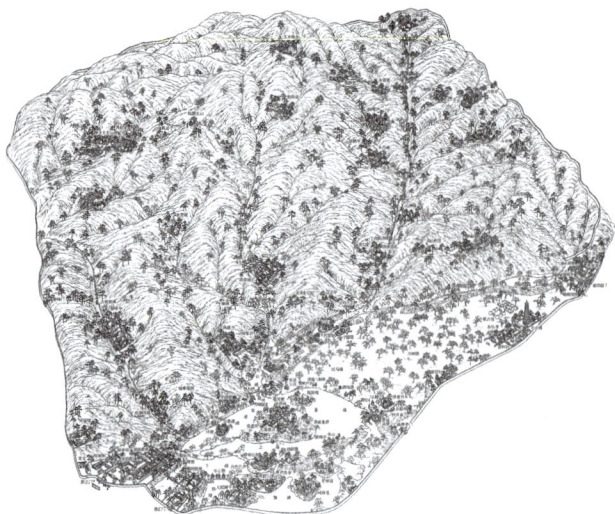

清·冷枚《避暑山庄图轴》

　　道光年间，因为国力衰竭、财力不足，大部分行宫御苑与离宫御苑都停止运营，较大的园林，只有避暑山庄与圆明园还在维持。

　　第二次鸦片战争时期，英法联军入侵北京，对京西北郊的皇家园林进行了大肆掠夺与破坏，将圆明园、清漪园、静明园等宫苑烧毁。

　　同治年间，清朝廷对圆明园进行了修复工程，后因财力问题停工。

　　光绪年间重修清漪园，将其改名为"颐和园"，作为慈禧太后颐养天年的场所。

　　1900年八国联军入侵北京，再次破坏了北京的皇家宫苑，圆明园、颐和园、西苑遭到严重损坏。

　　《辛丑条约》签订后，八国联军退出北京，慈禧下令修复颐和园和西苑南海，其他皇家园林基本废弃。

私家园林

　　清朝时期，江南经济富庶、文化发达、人文荟萃，私家园林的营造非常普遍。尤其是长江中下游地区，由于开发得早，经济基础雄厚，城市发展比较快，且环境优美、气候温和、植被丰富，盛产造园的石材，私家园林的营造水平很高，且风格日趋成熟。

其中，扬州、苏州、无锡、杭州的园林是清朝江南私家园林的代表。

扬州因漕运、盐业，聚集了大量的财富，又带动了手工业、建筑业的发展，大量的盐商在扬州定居，营造私家别墅。

扬州文化发达、环境优美、气候温和，是文人游览胜地，历代文人在扬州留下大量的文学书画作品。文人官僚辞官之后，也喜欢到扬州定居，在一定程度上刺激了扬州园林的发展。

其中以"**瘦西湖园林群**""**个园**"最为有名，此外还有"**寄啸山庄**""**片石山房**"等。

瘦西湖园林群　乾隆屡次南巡，路过扬州，扬州盐商为取悦皇帝，在乾隆水上巡游路线两岸竞相造园，形成了瘦西湖至平山堂的湖墅园林群。这时期著名的湖上园林有竹西方径、华祝迎恩、杏花村舍、四桥烟雨、平冈艳雪、卷石洞天、西园曲水、长堤春柳、柳湖春泛、荷蒲薰风、冶春诗社、白塔晴云、石壁流淙、锦泉花屿、蜀冈朝旭、春台祝寿等园林景点。

个园　清朝中晚期，两淮盐总、大盐商黄应泰在废园寿芝圃和街南书屋基础上建造了个园，园内以竹林和"春、夏、秋、冬"四季假山著名。

《南巡盛典》里的竹西方径

《广陵名胜全图》里的华祝迎恩

《广陵名胜全图》里的杏花村舍

四橋烟雨

《扬州画舫录》里的四桥烟雨

《江南园林胜景图册》里的平冈艳雪

《江南园林胜景图册》里的卷石洞天

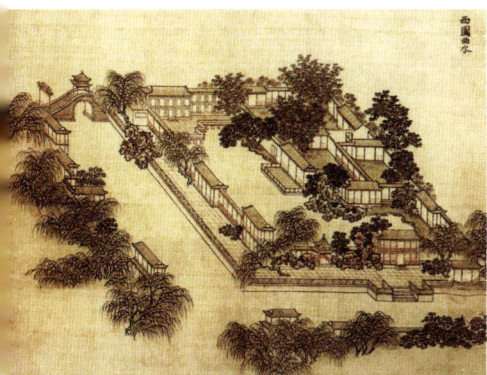

《江南园林胜景图册》里的西园曲水

《江南园林胜景图册》里的长堤春柳

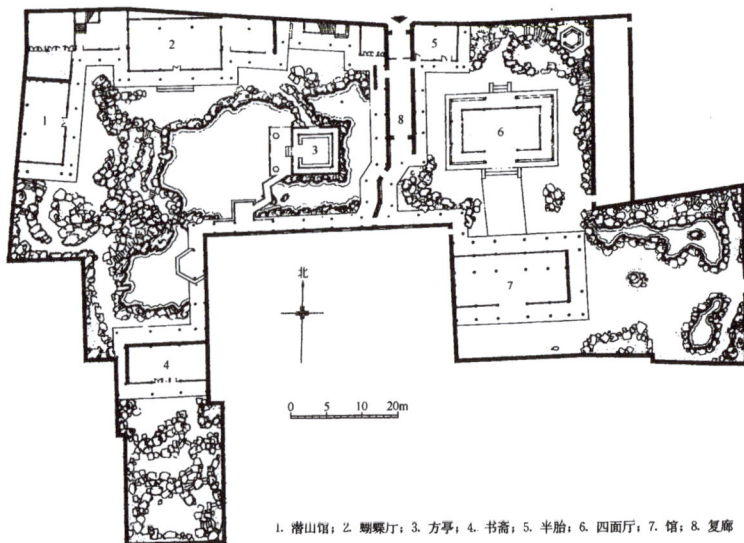

寄啸山庄平面图

1. 潜山馆；2. 蝴蝶厅；3. 方亭；4. 书斋；5. 半胎；6. 四面厅；7. 馆；8. 复廊

　　清朝苏州园林的风格和技术日趋成熟，涌现了留园、网师园、耦园等重要的园林。

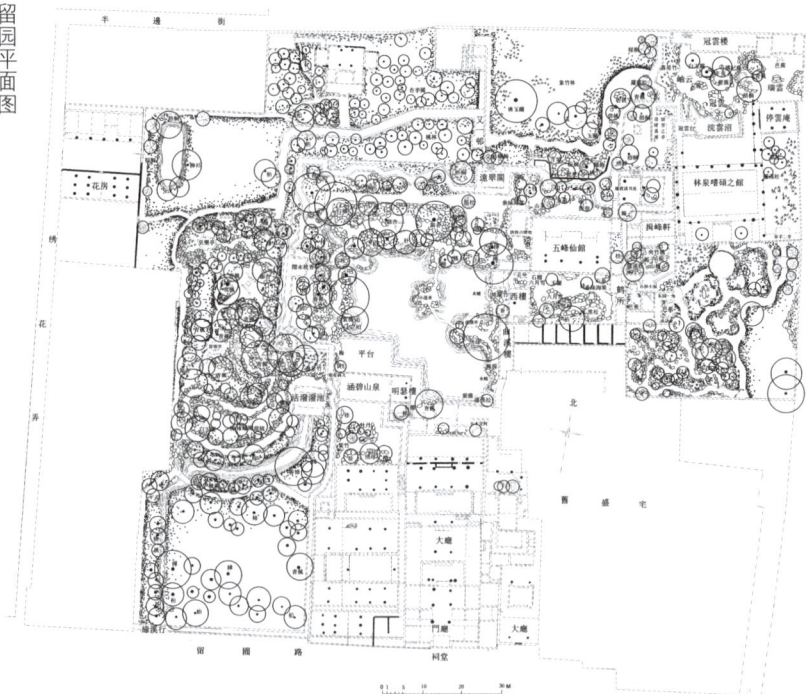

留园平面图

1—大门；2—轿厅；3—万卷堂；4—撷秀楼；5—小山丛桂轩；6—蹈和馆；7—濯缨水阁；8—月到风来亭；9—看松读画轩；10—集虚斋；11—楼上读画楼，楼下五峰书屋；12—竹外一枝轩；13—射鸭廊；14—殿春簃；15—冷泉亭；16—涵碧泉；17—梯云室；18—网师园后门；19—苗圃

无锡寄畅园在清代康熙年间有重要的改建，园主引惠山泉水入园，并重新构筑假山，寄畅园便成了江南名园。康熙、乾隆南巡多次在寄畅园居住，并游览此园。

杭州在清代经济发展迅速，资本主义萌芽更为显著，特别是康熙、乾隆两位皇帝南巡临幸杭州名景，推动杭州造园又达到新的高潮，出现了以郭庄、小有天园、芝园为代表的众多私家园林。

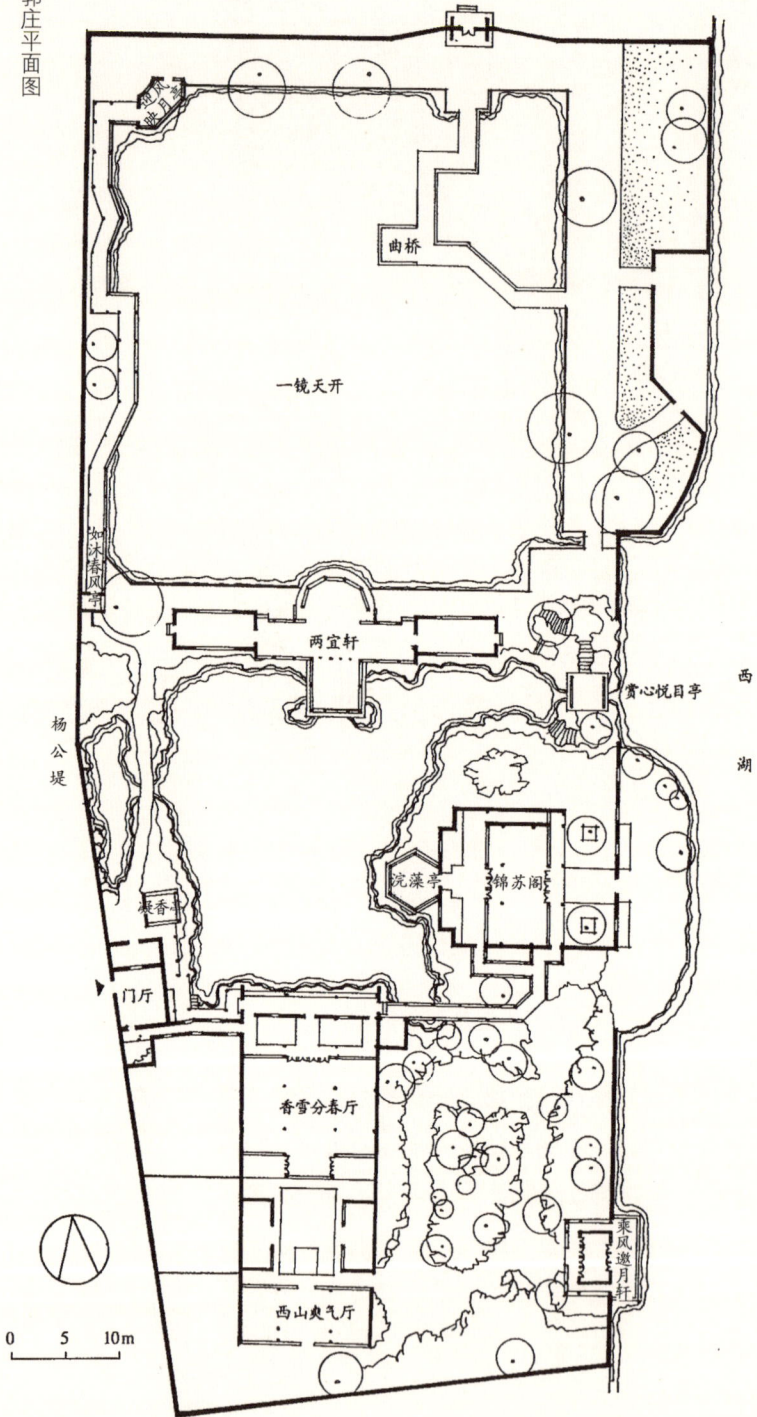

郭庄平面图

曲桥

一镜天开

如沐春风亭

杨公堤

两宜轩

赏心悦目亭

西湖

凝香

浣藻亭 锦苏阁

门厅

香雪分春厅

乘风邀月轩

西山爽气厅

0　5　10m

202

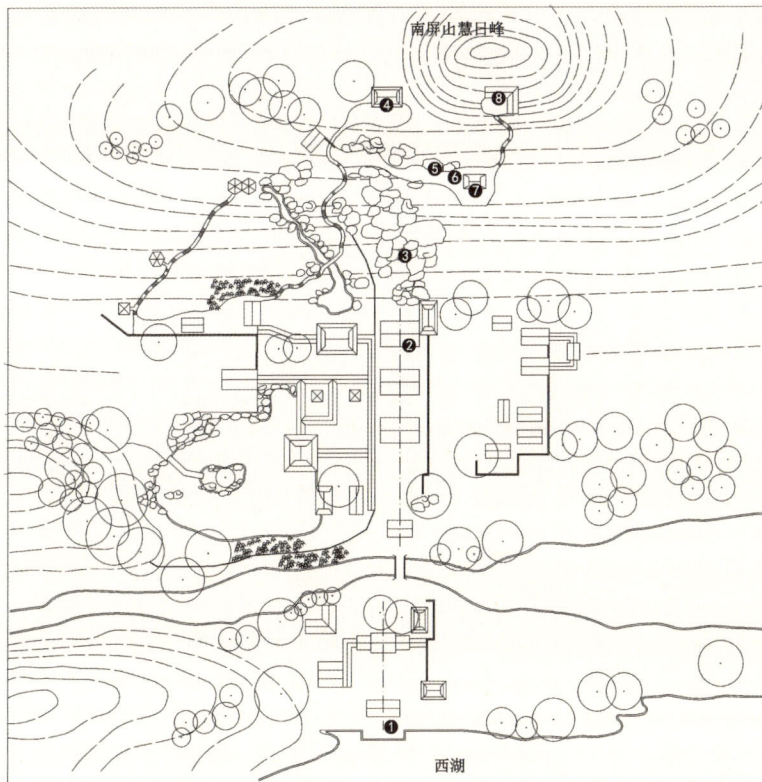

小有天园平面设想图

① 码头
② "小有天园"匾额
③ 幽居洞
④ 御碑亭
⑤ 摩崖碑
⑥ 琴台
⑦ 南山亭
⑧ 壁湖亭

南屏山慧日峰

西湖

《南巡盛典》中的小有天园

此外，北方的私家园林有半亩园、萃锦园、十笏园等。北方园林特色主要体现在：一是平面布局比较严谨；二是体量比较庞大；三是色彩比较富丽。

清朝初年，珠江三角洲一带形成了与北方皇家园林、江南私家园林不同的风格，称为"岭南园林"，著名的有粤中四大名园：顺德的清晖园、东莞的可园、番禺的余荫山房、佛山的梁园。

岭南园林特色主要体现在：一是平面布局均为有韵律地接踵而成；二是体量比较轻盈舒展；三是色彩比较瑰丽鲜艳。

清代主要园林一览表

类型	名称	地点	建造者
皇家园林	西苑	北京	康熙
	静明园	北京	康熙
	畅春园	北京	康熙
	避暑山庄	北京	康熙
	圆明园	北京	康熙
	静宜园	北京	乾隆
	清漪园（颐和园）	北京	乾隆（光绪）
	静明园	北京	乾隆
	宁寿宫花园	北京	乾隆
私家园林	个园	扬州	黄至筠
	寄啸山庄（何园）	扬州	何芷舠
	片石山房	扬州	何芷舠
	小盘谷	扬州	周馥
	留园	苏州	刘恕
	网师园	苏州	宋宗元
	耦园	苏州	陆锦致
	曲园	苏州	俞樾
	退思园	吴江	任兰生
	郭庄	杭州	郭士林
	芝园	杭州	胡雪岩
	留余山居	杭州	陶骥
	小有天园	杭州	汪之萼
	漪园	杭州	汪献珍
	绮园	海盐	冯缵斋
	小莲庄	南浔	刘镛
	安澜园	海宁	陈元龙
	半亩园	北京	贾汉复
	恭王府花园（萃锦园）	北京	奕䜣
	十笏园	潍坊	丁善宝

类型	名称	地点	建造者
私家园林	清晖园 可园 余荫山房 梁园	顺德 东莞 番禺 佛山	龙应时 张敬修 邬彬 梁蔼

名园轶事

圆明园
——追忆那逝去的"万园之园"

圆明园，是清代大型皇家园林，它坐落在北京西北郊，与颐和园毗邻，由圆明园、长春园和绮春园组成，所以也叫圆明三园。此外，还有许多小园，分布在东、西、南三面，众星拱月般环绕周围。

圆明园占地面积3.5平方千米，建筑面积达20万平方米，有一百五十多个景点，有"万园之园"之称。

清朝皇帝每到盛夏就来到这里避暑、听政，处理军政事务，因此这里也称"夏宫"。

圆明园始建于康熙四十八年（1709年），1860年10月6日英法联军洗劫圆明园，抢掠文物，焚烧建筑。1900年八国联军侵占北京，圆明园再次遭到洗劫。之后又遭到匪盗的打击，最终变成一片废墟。

圆明园，在清朝皇室150余年的创建和经营下，曾以其宏大的地域规模、杰出的营造技艺、精美的建筑景群、丰富的文化收藏和博大精深的民族文化内涵而享誉于世，被誉为"一切造园艺术的典范"，被法国作家维克多·雨果称誉为"理想与艺术的典范"。

圆明园不仅汇集了江南若干名园胜景，还创造性地移植了西方园林建筑，集当时古今中外造园艺术之大成。

园中有金碧辉煌的宫殿，有玲珑别透的楼阁亭台；有象征热闹街市的"买卖街"，有象征田园风光的山乡村野；有仿照杭州西湖的平湖秋月、雷峰夕照，有仿照苏州狮子林的风景名胜；还有仿照古代诗人、画家的诗情画意建造的蓬莱瑶台、武陵春色等。

圆明园有40处水景园，园林造景大部分以水面为主题，借助水体营造景观。圆明园是集中国古典园林平地造园的筑山理水之大成，也是清代皇家各园中"园中有园"的集锦式规划的代表。

西洋楼位于长春园（圆明园三园之一），西洋楼建筑是欧洲建筑传播到中国以来的第一个具备群组规模的完整作品，也是把欧洲和中国这两个建筑体系和园林体系首次结合的创造性的尝试。

圆明园三园包含的百余座小园林都各有主题，主题取材可归纳为以下六类。

第一，摹拟江南风景的意趣：如"坐石临流"模仿绍兴兰亭、杭州曲院风荷；

第二，借用前人诗情画意：如"夹镜鸣琴"取李白"两水夹明镜"的诗意；

圆明园平面图

长春园

92. 大宫门
93. 倩园
94. 思永斋
95. 海岳开襟
96. 含经堂
97. 淳化轩
98. 蕴真斋
99. 玉玲珑馆
100. 如园
101. 鉴园
102. 大东门
103. 七孔闸
104. 狮子林
105. 泽兰堂
106. 保春寺
107. 法慧寺
108. 蒨园 简葡萄
109. 臻水楼
110. 万花阵
111. 方外观
112. 海宴堂
113. 远瀛观
114. 线法山正门
115. 线法山
116. 螺丝牌楼
117. 方河
118. 线法墙

绮春园

119. 绮春园大宫门
120. 凝晖殿
121. 中和堂
122. 鬼福堂
123. 天地一家春
124. 蔚藻堂
125. 凤麟洲
126. 涵秋馆
127. 展诗应律
128. 庄严法界
129. 生冬室
130. 春泽斋
131. 四宜书屋
132. 翠表堂
133. 延寿寺
134. 清夏堂
135. 含辉楼
136. 流杯亭
137. 运斗轩
138. 畅和轩
139. 河神庙
140. 点景亭
141. 顶心堂
142. 正觉寺
143. 鉴碧亭
144. 鉴碧亭
145. 西爽村

圆明园

1. 正大光明
2. 勤政亲贤
3. 晞天深柳
4. 镂月开云
5. 九州清宴
6. 茹古涵今
7. 长春仙馆
8. 四宜书屋
9. 山高水长
10. 坦坦荡荡
11. 杏花春馆
12. 上下天光
13. 慈云普护
14. 天然图画
15. 碧桐书院
16. 水木明瑟
17. 濂溪乐处
18. 映水兰香
19. 武陵春色
20. 坐石临流
21. 澹泊宁静
22. 濂香处
23. 水木明瑟
24. 麂鹿大公
25. 鱼跃鸢飞
26. 明月清令
27. 西峰秀色
28. 鸿慈永祜
29. 北远山村
30. 平湖秋月
31. 方方胜境
32. 慈悲宏愿
33. 杏花春馆
34. 天然画景
35. 澡身浴德
36. 映水兰香
37. 月地云居
38. 接秀山房
39. 接秀山房
40. 多稼如云
41. 紫登山房
42. 昭旷
43. 别有洞天
44. 大宫门
45. 出入贤良门
46. 翻书房正殿
47. 保合太和殿
48. 占拜所
49. 阆卷天殿
50. 福园门
51. 如意门
52. 南楼院
53. 镂月清宴
54. 西南门
55. 汇芳书院
56. 蓬岛门
57. 蓬岛
58. 大船坞
59. 九孔桥
60. 如意门
61. 同乐院
62. 天神台
63. 法源楼
64. 刘福军庙
65. 瑞应宫
66. 汇芳万春之园
67. 魏卣阆阁
68. 文源阁
69. 舍卫城
70. 鉴碧亭
71. 西北门
72. 大北门
73. 大宫门
74. 若帆之阁
75. 清旷楼
76. 天宇空明
77. 夹镜鸣琴
78. 三潭印月
79. 平湖秋月
80. 大船坞
81. 安澜园
82. 廓然大公
83. 君子轩
84. 藏密楼
85. 明春门
86. 秀清村
87. 天宇门
88. 南屏晚钟
89. 广育宫
90. 一碧万顷
91. 湖山在望

0 50 100 150 200m

注：1~40为圆明园四十景

北

第三，再现神仙境界：如"方壶胜境""海岳开襟""舍卫城"；

第四，标榜儒家思想：如"九洲清晏""鸿慈永佑"；

第五，标榜重农爱民思想：如"多稼如云"；

第六，以植物造景为主要内容，或突出某种观赏植物的形象、寓意。

圆明园规划设计特点：以山水为骨架划分景区，使之各具特色；出现罕见平面形状"之""口""田"字形；采用风景点小区建筑群和景区结合的集景方式。

可以说，圆明园是中国人民智慧和血汗的结晶，也是中国人民建筑艺术和文化的典范。

不仅如此，圆明园内还珍藏了无数的各种式样的无价之宝，极为罕见的历史典籍和丰富珍贵的历史文物，如历代书画、金银珠宝、宋元瓷器等，堪称人类文化的宝库之一，是世界上一座最大的博物馆。

细心的读者或许会问，规模如此宏大、风格如此多样、装饰如此豪华、陈设如此精美的"万园之园"是由谁设计和建造的？下面，我们就来聊聊圆明园的设计师和建造师。

雍正皇帝应该是圆明园的第一任总设计师。

公元1723年，当他开始扩建圆明园时，还在圆明园内设立了一个专门的设计机构——如意馆，也就是当时的皇家画院。在那儿，集中了一批优秀的宫廷画师，他们的任务是将皇帝的描述，画成既写实又写意的中国画呈送皇帝御览，皇帝点头了，他们的设计初稿就算通过了。

史书记载，雍正皇帝对艺术很有感觉，而且特别喜欢圆明园，他继位后从不出巡，且在当皇帝的13年中几乎长住在了圆明园。为此，他还发展出一项爱好，那就是穿戴奇装异服，装扮各色人等，在圆明园内招摇过市。当然，最后他还死在了圆明园。

雍正皇帝养的那拨画师也不是吃干饭的，所以圆明园的设计既深得中国传统文化的审美情趣，又处处铭刻着总设计师雍正的理想和意志——一个皇帝心中充满诗情画意的江南水乡和精神家园。

到1737年，乾隆皇帝搬进圆明园成为第二任总设计师，主持了持续整整17年的圆明园第二次改扩建工程。

众所周知，乾隆是个崇尚奢华爱好吃喝玩乐的皇帝，一生六次造访

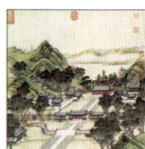 01 正大光明
 02 勤政亲贤
 03 九州清晏
 04 镂月开云
 05 天然图画
 06 碧桐书院
 07 慈云普护

 08 上下天光
 09 杏花春馆
 10 坦坦荡荡
 11 茹古涵今
 12 长春仙馆
 13 万方安和
 14 武陵春色

 15 山高水长
 16 月地云居
 17 鸿慈永祜
 18 汇芳书院
 19 日天琳宇
 20 澹泊宁静
 21 映水兰香

 22 水木明瑟
 23 濂溪乐处
 24 多稼如云
 25 鱼跃鸢飞
 26 北远山村
 27 西峰秀色
 28 四宜书屋

 29 方壶胜境
 30 澡身浴德
 31 平湖秋月
 32 蓬岛瑶台
 33 接秀山房
 34 别有洞天
 35 夹镜鸣琴

 36 涵虚朗鉴
 37 廓然大公
 38 坐石临流
 39 曲院风荷
 40 洞天深处

清·唐岱、沈源《圆明园四十景图咏》

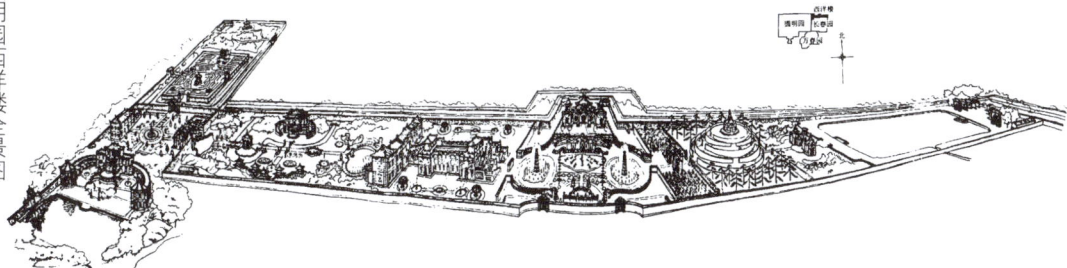

圆明园西洋楼全景图

圆明园西洋楼二十景铜版画（部分）

江南，所到之处的江南美景成为他设计圆明园的灵感来源，因此形成了著名的"圆明园四十景"。

乾隆还对西方文化充满了好奇，这样他便让出入宫廷的画家——意大利传教士郎世宁，法国人王致诚、蒋友仁为他设计了一组欧式园林建筑——西洋楼景区。西洋楼最有名的是各种奇幻的欧式喷泉，一位目睹过它的欧洲传教士因此称赞它可以和法国的凡尔赛宫相媲美。

圆明园的总建造师是一个叫作"样式雷"的雷氏家族。

作为设计师，皇帝和他的画师们只是将现实和想象中的美丽付诸纸上，而具体的建造实施者则是宫廷中的御用建造机构——样式房。

雍正时期，"样式房"承担着圆明园具体的施工和建造任务，它和"如意馆"一样也设在圆明园。这个机构当时由一个叫雷金玉的人为首的雷姓家族掌管。

样式房的长官作为皇家的首席建造师，这个职务在大清帝国200多年的时间里，几乎全被这个雷姓家族垄断了。

他们被称为"样式雷"，几乎所有的皇家建筑都是这个家族的作品，包括故宫、三海、天坛、圆明园、颐和园、承德避暑山庄、清东陵和西陵……而雷氏家族七代中有六代是"样式房"的老大，其中名气最大的是第二代雷金玉。

在具体施工前，作为圆明园总建造师的"样式雷"首先要进行平面设计，画出建筑草图——地盘样，地盘样上有亭台楼阁、庭院山石等建筑图例，也有桥梁、水流的布局走向。

草图经皇帝认可后，他们便要将图上的建筑景致用具体的模型表现出来。模型的专业术语叫"烫样"，它是按空间组合和比例来制作的，细致到房瓦、廊柱、门窗甚至室内陈设的桌椅屏风等，以便皇帝审样时一看就明白，也方便建筑时按比例原样放大。

当然，作为擅长中式建筑的本土建造师，"样式雷"并没有参与设计和建造美轮美奂的西洋楼景区。

可惜的是，"烫样"工艺已经失传很久了。据说，"样式雷"遗留下来的近2万件烫样和各种施工设计图，中外都有收藏，其中中国国家图书馆收藏有1.5万件，故宫也存了几十件，国外以日本为最多，大概存有50多件，美国和法国等也有收藏。

2007年6月"中国清代样式雷建筑图档"被联合国教科文组织列入《世界记忆名录》，成为其中规模最大、内容最丰富的古代建筑设计图像资源。

颐和园
——皇家园林的博物馆

颐和园，清代皇家园林，前身为清漪园，坐落在北京西郊，距城区15公里，占地约290公顷，与圆明园毗邻。

它是以昆明湖、万寿山为主体，以杭州西湖为蓝本，吸取江南园林的设计手法而建成的一座大型山水园林，也是保存最完整的一座皇家行宫御苑，被誉为"皇家园林博物馆"。

1961年3月4日，颐和园被公布为第一批全国重点文物保护单位。

1998年11月被列入《世界遗产名录》。

2007年5月8日，颐和园正式被批准为国家5A级旅游景区。

2009年，颐和园入选中国世界纪录协会中国现存最大的皇家园林。

颐和园建于1151年金朝时期，元朝郭守敬建了瓮山泊（西湖），明朝建了圆静寺，1750年乾隆在圆静寺旧址兴建大报恩延寿寺，改瓮山为万寿山、西湖为昆明湖，1764年清漪园完全完工，1860年被英法联军焚毁，1898年修复改名颐和园。

颐和园占地面积达293公顷，主要由万寿山和昆明湖两部分组成。各种形式的宫殿园林建筑3000余间，大致可分为行政、生活、游览三个部分。

以仁寿殿为中心的行政区，是当年慈禧太后和光绪皇帝坐朝听政，会见外宾的地方。

仁寿殿后是三座大型四合院：乐寿堂、玉澜堂和宜芸馆，分别为慈禧、光绪和后妃们居住的地方。

宜芸馆东侧的德和园大戏楼是清代三大戏楼之一。

颐和园自万寿山顶的智慧海向下，由佛香阁、德辉殿、排云殿、排云门、云辉玉宇坊，构成了一条层次分明的中轴线。

山下是一条长700多米的"长廊"，长廊枋梁上有彩画8000多幅，号称"世界第一廊"。

长廊之前是昆明湖。昆明湖的西堤是仿照西湖的苏堤建造的。

昆明湖广阔的水面，由西堤及其支堤划分为三个水域。东水域最大，中心岛屿为南湖岛。西堤以西的两个水域较小，亦各有中心岛屿。

靠南的一个是昆明湖中最大的岛屿，南岸建藻鉴堂，堂前临水为春风啜茗台。靠北的另一大岛水中两层圆形城堡之上建三层高阁治镜阁。

昆明湖如果略去西堤不计，水面三大岛鼎列的布局很明显地表现了皇家园林"一池三山"的传统模式。

万寿山后山、后湖古木成林，有藏式寺庙，苏州河古买卖街。

后湖东端有仿照无锡寄畅园而建的谐趣园，小巧玲珑，被称为"园中之园"。

宫廷区建在园的东北端，布局为前宫后寝，两横轴两纵轴的模式。

植物配置上，仁寿殿有龙爪槐、西府海棠、牡丹等，玉澜堂有白皮松、西府海棠等，宜芸馆有玉兰、梧桐，乐寿堂有玉兰、西府海棠、牡丹等。

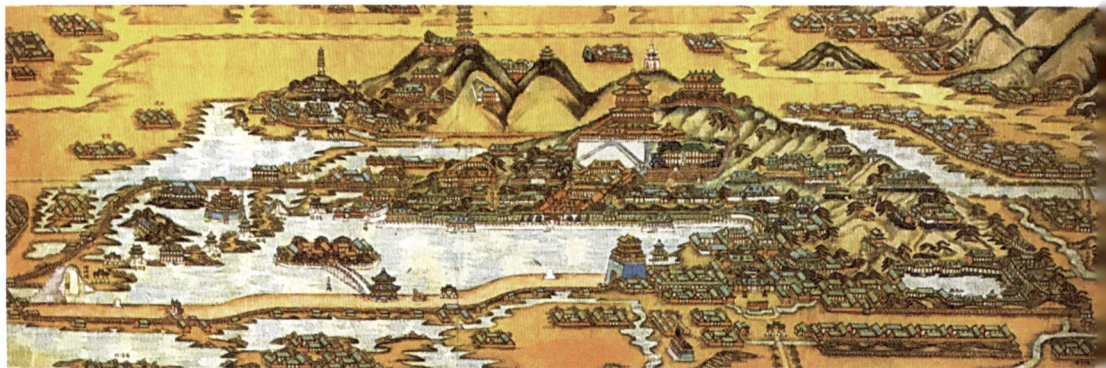

《三山五园外三营地理全图》中的清漪园

《都畿水利图卷》中的清漪园

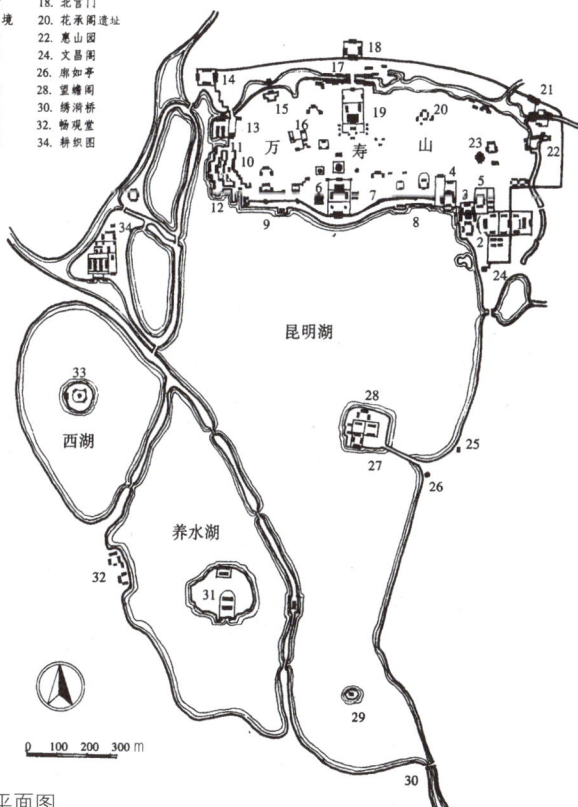

1. 东宫门勤政殿	2. 玉澜堂	3. 宜芸馆	4. 乐寿堂
5. 怡春堂	6. 大报恩延寿寺	7. 长廊	8. 对鸥舫
9. 鱼藻轩	10. 延清赏楼	11. 临河殿	12. 澄怀阁
13. 关帝庙	14. 西宫门	15. 绮望轩遗址	16. 赅春园
17. 苏州街	18. 北宫门	19. 须弥灵境	20. 花承阁遗址
21. 霁清轩	22. 惠山园	23. 文昌阁	24. 知春亭
25. 铜牛	26. 廓如亭	27. 龙王庙	28. 望蟾阁
29. 凤凰墩	30. 绣漪桥	31. 藻鉴阁	32. 畅观堂
33. 治镜阁	34. 耕织图		

颐和园平面图

213

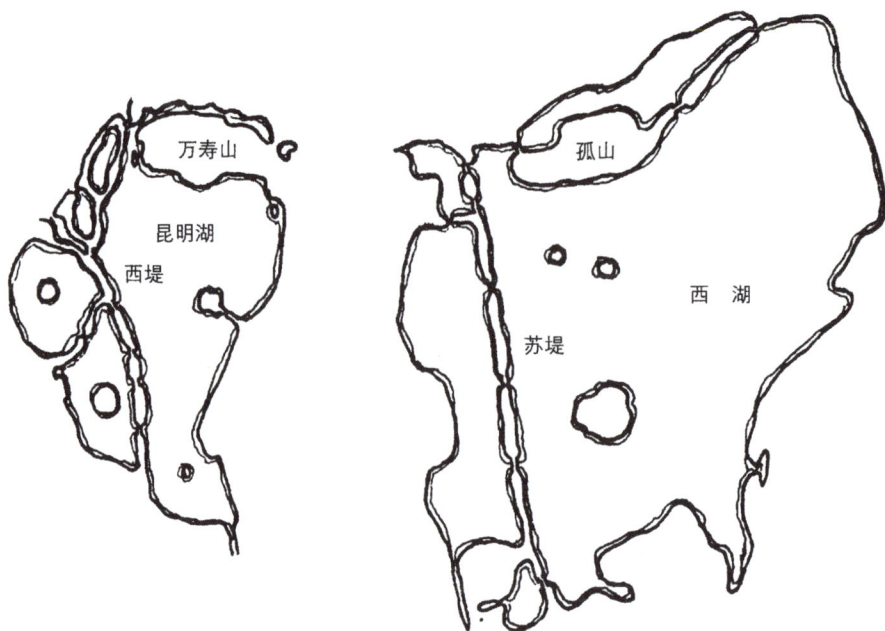

颐和园昆明湖与杭州西湖对比图

谐趣园

个园
——游园一周，如历四季

　　个园位于扬州古城东北角，盐阜东路10号，是扬州现存历史最悠久、保存最完好的盐商园林，以遍植青竹而得名，以春、夏、秋、冬四季假山而著称，在国内外享有盛誉。曾荣获第三批"全国重点文物保护单位"和"首批国家重点公园"称号，已入选世界文化遗产名录。

　　个园由两淮盐业商总黄至筠于清嘉庆二十三年（1818年）建造。黄至筠祖籍浙江杭州，他凭着卓著的经商才能，积聚起万贯家财，被嘉庆皇帝钦赐"盐运使司盐运使"，曾两次进京为皇帝祝寿，入圆明园听戏。

　　可以说，黄至筠与晚清著名徽商胡雪岩一样同为"红顶商人"，都是钦赐正二品顶戴。

　　黄至筠担任两淮盐业商总40余年，建造个园就花了20年时间，耗银600万两，相当于江苏省当时一年的赋税。

　　为什么黄家的园子不叫黄园，偏叫"个园"？"个园"得名缘于园主人生性喜爱竹子；而竹叶三片形似中国汉字"个"字；中国汉字"竹"字一半也是"个"。

　　"竹"历来为中国文人所偏爱，不仅是因为竹子姿态清雅，色如碧玉，更主要的是因为它"正直、虚心、有气节"的品格。宋代大诗人苏东坡曾说过："宁可食无肉，不可居无竹，无肉使人瘦，无竹使人俗"。

　　个园最负盛名的是四季假山，清代李斗在《扬州画舫录》中写道："杭州以湖山胜，苏州以市肆胜，扬州以园亭胜"。中国园林谈到叠石艺术必定会提到个园的四季假山。

　　著名园林专家陈从周先生说过："个园以假山堆叠的精巧而出名。在建造时，就有超出扬州其他园林之上的意图，故以石斗奇，采用分峰用石的手法，号称'四季假山'，为国内唯一孤例。"

　　春山位于园林大门处。

　　正中是月洞门，门额上刻着园主人所写的"个园"二字。门外两侧各有一个方形花坛，花坛内修竹劲挺，高出围墙，作冲霄凌云的姿态，竹丛中，插植了青绿斑驳的石笋，以"寸石生情"之态，体现"雨后春笋"之意。

园门内外，同样是春景，意境却全然不同。门外是早春光景，到了门内，已经是渐深渐浓的大好春光了。

造园者为了进一步渲染春的气息，这里所用的太湖石形态别致，酷似各种姿态的动物，以贴山、围山、点石等手法构成了一幅"十二生肖闹春图"。大地回春，万物复苏的热闹在这里被表现得淋漓尽致。

走过春山，就到了绿树成荫的夏山。

几株高大的广玉兰和枫杨掩映着一座苍翠欲滴的太湖石假山，湖石色泽青灰，飘逸俊秀，形姿多变，好像天上带雨的云朵。

中国画里有"夏云多奇峰"的意境，因为夏日天空中变幻万千的巧云多像奇异的山峰。夏山用石讲究，每一块石头都体现出"瘦、皱、漏、透"的赏石特点，在掇叠时又一脉贯通。所以夏山虽然变化多端，却气韵流畅。

如果说春山是开篇，夏山是铺展，那么秋山则是高潮。秋山用黄石叠成，用石泼辣，气势磅礴。

秋山是四季假山中规模最大的一座山，外形峻峭依云，绵延不绝，分西、中、南三峰，中为主峰，西、南两峰为辅。三者之间宾主照应，参差掩映，形成起伏绵延的山势。

秋山的每块石头都是"横看成岭侧成峰，远近高低各不同"，颇有黄山意蕴。

秋山的植物以红枫为最多。一经秋霜，叶尽深红。秋山位于园东，每当夕阳西下，黄石丹枫，倍增秋色。人行其间也真的仿佛置身于秋日山林。

南行数步就是宣石堆叠而成的冬山。虽然是园中占地面积最小的一组假山，但是却是构思最为精巧、独特，最富创意的一景。

它分别从色、形、声三个角度来勾画冬的意境，又以植物、建筑来烘托冬的气息。哪怕是酷暑盛夏，流连其间，也觉得寒气逼人。

宣石也叫雪石，来自安徽的宣城，体态圆浑，其主要成分是石英，石英在阳光的直射下熠熠闪光，但在背光之下却是皑皑露白，仿佛冬日残雪未消的样子，山脚又以白矾石铺成冰裂纹的形状来加深寒冬气象。

为了打破冬日的萧条，这里采用了一块块形似小狮子的象形宣石，在掇叠时又非常注意因势制宜，使整个冬山高低、疏密、大小相互呼应，远远望去，好像有无数的小狮子在雪中嬉戏，一只只顾盼生情，憨态可掬，使寂寥的冬季充满了无限的生机。所以冬山景致又被人称为"群狮戏雪图"。

冬山栽植了三株蜡梅和一棵老榆树，三株蜡梅都是扬州名品，冬季开花，所以从冬至到立春，整整一个冬季都是暗香浮动，梅雪相映。冬山唯一的乔木就是榆树，取"年年有余（榆）"的意思，可谓是神来之笔。

冬山南墙之上有二十四个圆形孔洞，代表了一年二十四个节气。不仅如此，这些孔洞被人称为"风音洞"。

冬山处于花园的最南边，风音洞所在的高墙和个园三路住宅的后墙形成了一条狭长的通道，风从高墙窄巷之间擦墙而过时，会形成负压，加快流速。这时墙上四排孔洞，就好像四支等待已久的横笛，呼呼作响，发出北风呼啸的声音，奏响了冬的乐章，给人以寒风料峭的感觉。

冬，是四季的末尾，但它并不意味着结束。冬山的西墙之上两个圆形的漏窗，延伸了观者的视线，透过这圆形的漏窗，春山的石笋重又映入了眼帘，让人立刻产生"大地回春，周而复始"的联想。

可见，个园的四季假山的设置堪称鬼斧神工，游园一周，好像经历了四季轮回，使人随着游园的不断深入而顿悟到"春夏秋冬，如人一生；四季轮回，周而复始"的哲学境界。

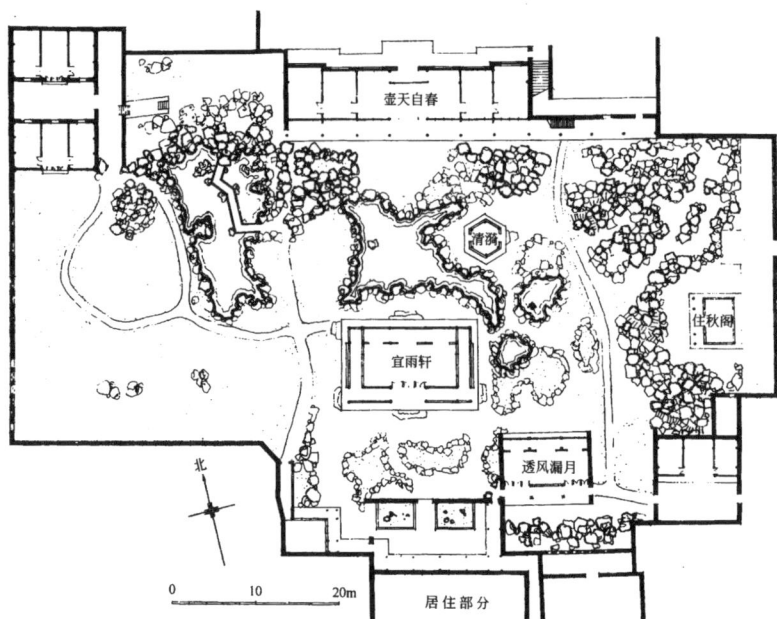

个园平面图

个园鸟瞰图

余荫山房
——岭南四大名园之一

　　余荫山房又称余荫园，位于广东省广州市番禺区南村镇东南角北大街。余荫山房为清代举人邬彬的私家花园，始建于清代同治三年（1864年），是清代岭南四大名园之一。

　　全园占地面积约1598平方米，以小巧玲珑、布局精细的艺术特色而著称，园中亭台楼阁、堂殿轩榭、桥廊堤栏、山山水水，应有尽有，充分展现了古代园林的独特风格和高超的造园艺术。

　　园内空间分为东、西两部分。

　　东半部的中央是一个八角形水池，池中有一座"玲珑水榭"八角亭。八角形水池四周布置了假山，种了几株珍贵的古树。旁边建了孔雀亭、来薰亭、卧瓢庐、杨柳楼台等建筑。

　　西半部是石砌的方形荷花池，池的北侧是主厅"深柳堂"，堂前有两棵炮仗花古藤，花儿怒放时十分绚丽。池的南侧是"临池别馆"等建筑。

　　东西两半部的景点，通过名叫"浣红跨绿"的拱桥有机地结合在一起。

园内亭台楼馆的布局虚实呼应，构成起伏多变的空间结构。装饰细部玲珑剔透，色彩瑰丽。该园既吸收了北京与苏州园林风格的特点，同时又具有岭南园林的地方特色。

余荫山房最显著的特点有以下两个。

一是"缩龙成寸"，园内的建筑布局精巧有致，藏而不露。弹丸之地，把亭、台、楼、阁、堂、轩、桥梁、廊堤、石山、碧水、荷花等全都包含其中，而且回廊、花窗、影壁相互借景，游人在其中感觉到园中有园，景外有景，柳暗花明又一村。

二是"书香文雅"，满园的诗联、佳作文采缤纷浓郁，真可谓岭南园林艺术中的精品。比如，主体建筑深柳堂内，在珍贵的檀香木雕屏上刻有晚清三大才子梁山舟、张船山、翁方纲等人的诗句和乾隆大学士刘墉的书法手迹。两件"松鹤延年""松鼠葡萄"木雕大花罩，工艺精湛，巧夺天工。

下面再谈谈余荫山房园主人邬彬的故事。

邬彬（1824—1897年），清朝举人，官至刑部主事，任七品员外郎。更难得的是他的两个儿子也是举人，所以有"一门三举人，父子同登科"之说。

邬彬30岁步入仕途，一路顺畅，但为官仅仅四年时间，他就以母亲年迈为理由，毅然辞去了官职，归隐南村。

邬彬一边料理家业一边勤读诗书，43岁时参加乡试中举，完成了光宗耀祖的使命，但他决意不再当官，于是族人奖励了一块地给他建祠堂，建完祠堂之后还剩下不到三亩的土地，他决定为自己建造一座隐居的宅园。

其实邬彬早就有所准备，还在官场任职时，北方、江南的官宦文人风行营造官署和私家园林，当时就心生去意的邬彬请苏杭的画师为他绘制了一幅园林草图。

实际建造时，他在草图的基础上，结合自己游历的经验，借鉴北方和江南园林的优点，同时吸收岭南名园"海山仙馆"的造园技法，开始了漫长的修建工程。修修改改花了五年的时间，耗费了他大量的心血，光建造的费用就花了白银三万两，邬彬47岁这一年，余荫山房建成了。

之所以取名"余荫山房"，有两重意思：一方面，"余荫"，既是缅怀祖先，表达敬意，又希望子孙后代能永泽先祖的福荫；另一方面，"山房"，实现邬彬"结庐在人境，而无车马喧"的隐逸出世的梦想，而实际上在此后的岁月里，他的确是在这里吟诗作赋、流水琴音，以诗文会友。

邬彬过世后，余荫山房由他的二儿子邬宝莹继承，邬宝莹去世后，再由孙子邬庆桂继承。

余荫山房建成大约半个世纪后，邬彬的第四代孙邬仲瑜为它增添了一处新景——瑜园。

余荫山房平面图

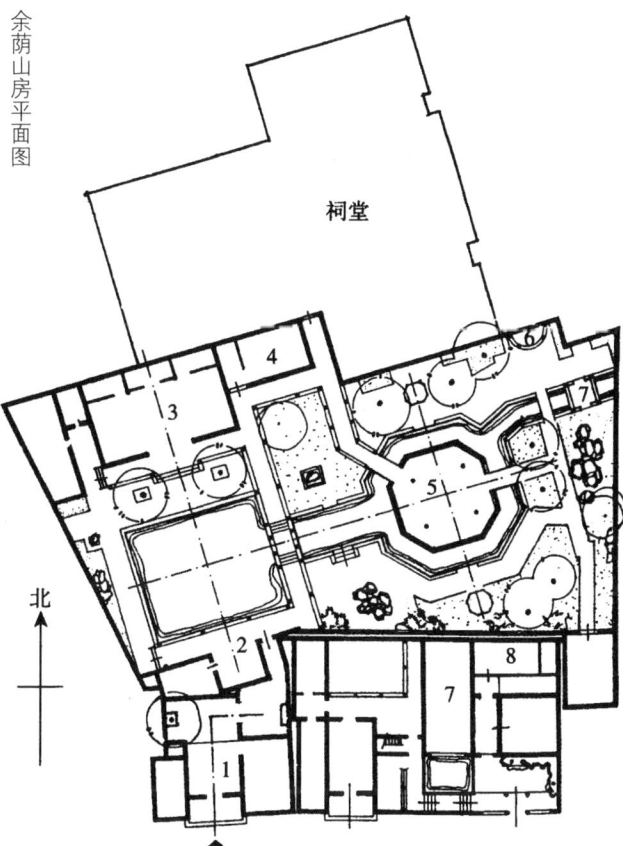

1- 园门；2- 临池别馆；3- 深柳堂；4- 榄核厅；5- 玲珑水榭；
6- 南薰亭；7- 船厅；8- 书房

关于瑜园还有个小故事。

话说当年南村地少人多，现在瑜园的位置是户朱姓人家，朱家败落了要卖掉大宅，知道紧挨着的邬家有意购买，就想趁机抬高价钱，于是声称要拆掉大宅建厕所，为了维护余荫山房的景致，邬家被迫以高价买下朱家大宅，改建成了如今的瑜园。

瑜园建成后，被邬仲瑜用来当作会客迎宾的场所。不知道是不是因为那里小巧玲珑，碧池佳树颇有些温柔气的关系，后人都认为是邬家女眷住的地方，因此给个"小姐楼"的名号，但不管如何，"小姐楼"这三个字都为后人带来了更多关于那个年代的浪漫想象。

余荫山房现状

本章完！

总而言之

漫步于中国古典园林的历史长河中，追溯一段段跌宕兴衰、探访一座座名园胜景、体味一处处雅致生活、聆听一个个动人故事，好像重新走了一遍古人先贤的造园之路。

中国是一个地大物博、历史悠久的国家，创造了光辉灿烂的古代文化，有着极为丰富的文化艺术遗产，并产生了许多伟大的造园名家。

中国园林的发展，从有文字记载的商周时期的囿算起，已有三千多年的历史。在世界园林史上，是起源古老、自成体系的三大园林系统之一，更是唯一从古至今延绵不断地发展、演变，形成了具有中华民族所特有的、独创的园林形式——"中国山水园"。

西周朴素的囿、秦汉宫苑和"一池三山"、西汉山水建筑园、南北朝自然山水园、佛寺丛林和游览胜地、隋代山水建筑宫苑、唐代长安城宫苑和游乐地、唐代园林式别墅山居、唐宋写意山水园、北宋山水宫苑"艮岳"、元明清宫苑、明清私家园林"文人山水园"……

随着历史的更替，在不同时代的政治经济、社会思想、文化艺术、审美意识等影响下，中国山水园逐渐得以丰富和完善，始终代表着中国园林的发展方向。

"本于自然而又高于自然"，中国古典园林追求道法自然、雅致脱俗，但又与民俗文化相互渗透，因此既清新高雅又平易近人，能够做到雅俗共赏。

著名美学家朱光潜先生曾说过："一件完美的艺术品像一个大家闺秀，引人注目而却不招邀人注目，举止大方之中仍有她的贞静幽闲，有她的高贵的身份。"

中国古典园林就是这样完美的艺术品。

古人说："以铜为鉴，可以正衣冠；以史为鉴，可以知兴替；以人为鉴，可以明得失。"

本书的目的，就是希望通过梳理中国古典园林数千年演进的基本脉络，为美好生活新时代追求品质生活的人们提供一些精神食粮和实践指导，最终实现"让园林文化流行起来，让园林生活成为时尚"的目标。

但不得不指出的是，中国古典园林几乎涵盖了中华文化的方方面面，是一部全景式的百科全书，博大精深，本书涉及的仅仅是冰山一角。

同时，由于鄙人学识所限，书中难免有不妥甚至错误之处，恳请业内专家和广大读者批评指正！

最后，向所有帮助本书撰写、绘图、编辑、出版的人们致以衷心感谢！

特别感谢周向频、季洪亮、赖齐贤、杨军、陈勇、卢山、洪放等老师对本书的认可和对我的厚爱；感谢中国电力出版社梁瑶、曹巍两位老师对本书编辑出版的支持和付出；感谢所有浙派园林研究推广中志同道合的战友们，谢谢你们！

陈波
2019年8月18日
于杭州浙韵居

真山真水育佳境
——浙派园林简介

在江南园林这个体系里，如果说以苏州园林、扬州园林、无锡园林等为代表的江苏园林的精华在于"人工之中见自然"，那么，以杭州园林、嘉兴园林、湖州园林等为代表的浙派园林则是"自然之中缀人工"，做得更为精妙；如果说江苏园林大多是内向的，那么浙派园林则是局部外向的，外向的部分即是接纳湖山的部分。

中国园林"天人合一、师法自然"的核心思想，在浙派园林真山真水的创作之中得到淋漓尽致的体现；相比其他风格的园林，浙派园林更加呈现出大气、包容的独特魅力，从而自成一派，扎根于中国广袤的土地上，绽放出无限的风采，延续至今，历久弥新。

浙派园林的成长环境

浙江，位于中国长江三角洲南端，面临浩瀚的东海。这里气候温和，雨量充沛，土地肥沃，物产丰富。从新石器时代萧山"跨湖桥遗址"的丰富遗迹、遗物，到21世纪初的漫漫八千年间，浙江先民在与自然和社会的变革撞击中，创造了一页页令人震撼的历史辉煌。

浙江又是吴越文化的重要发祥地，有着十分丰富和特色鲜明的传统文化。浙江范围内的杭州是历史上五代十国时吴越国与南宋王朝的都城，绍兴是春秋战国时越国的都城，这些都给浙江留下了丰厚的历史积淀。悠久的历史和灿烂的文化，使浙江赢得了"丝绸之府""鱼米之乡""文化之邦"的美誉。

浙江自古经济发达，繁荣富庶，兴盛的浙商成为推动浙江社会、经济、文化发展的主要动力；浙江人历代重视教育，境内文人辈出；浙江的绘画、书法、篆刻、盆景、古琴等都自成一派，"浙派"在中国历史上具有较大影响力，地位较高，名誉海内外，这些都对浙江的传统园林营造起到了重要影响，并逐步形成了具有本地文化内涵、地域特征和独特魅力的"浙派园林"。

浙派传统园林，是中国三大传统园林流派之一——江南传统园林的重要分支。浙派传统园林是中国古典园林的重要组成部分，在中国古典园林发展历史上占有举足轻重的地位。在某些时期，浙派传统园林营建曾盛极全国，并有相当一批浙派名园（如谢灵运的山居、王羲之的兰亭、杭州的西湖等）对中国各地园林的营建产生过重大影响。

新中国成立后，特别是改革开放以来，经过几代人的不懈努力与探索实践，浙派当代园林传承浙派传统园林造园精髓，不断开拓创新，逐渐发扬光大，并在全国异军突起，遥遥领先；同时，凭借"浙商"勤奋务实的创业精神、敢为人先的思变精神、抱团奋斗的团队精神、恪守承诺的诚信精神和永不满足的创新精神，浙江园林企业积极实践、大胆探索，规划设计与工程建设早已走出浙江、遍及全国，以精湛的工艺赢得了良好的口碑，缔造了浙派园林的卓越品牌地位。

浙派园林的含义与类型

"浙派园林"这一园林体系和地域概念，可以从地域和时间两个维度上进行定义。

地域维度上，浙派园林是指地处浙江地域范围内园林的总称。浙派园林属于江南园林的一个分支，部分地区处于江南园林的核心区域，如杭州、嘉兴、湖州、绍兴等地，其余地区则属于边缘地带。

时间维度上，浙派园林包括"浙派传统园林"与"浙派新园林"两大范畴。

（1）浙派传统园林。

浙派传统园林是指浙江地域范围内有史以来直至清末时期的所有园

林的统称，包括皇家园林、私家园林、寺观园林、公共园林、书院园林等几个类型。

古往今来，浙派园林涌现出一座座经典名园，如郭庄、汪庄、刘庄、蒋庄、魏庐、西泠印社、芝园、竹素园、小有天园、万松书院、文澜阁、绮园、曝书亭、烟雨楼、落帆亭、小莲庄、莲花庄、潜园、沈园、安澜园、芥子园、天一阁、兰亭……

浙派传统园林大多依托于浙江美丽的自然山水，以丰富的文化艺术为内涵，不同的生态环境为骨架，融合绿水青山，彰显地域文化，形成"包容大气、生态自然、雅致清丽、意境深邃"的造园特色，凸显了"天人合一"的生态观和价值观。

浙派传统园林在中国园林史上具有独特价值。它有鲜明的地方特色，比其他江南园林更多地表现山与自然山水的完美结合，更多地体现出因地制宜的造园手法，更多形式的私家园林和寺观园林，并且浙派传统园林是与生活紧密相连的"活遗产"。

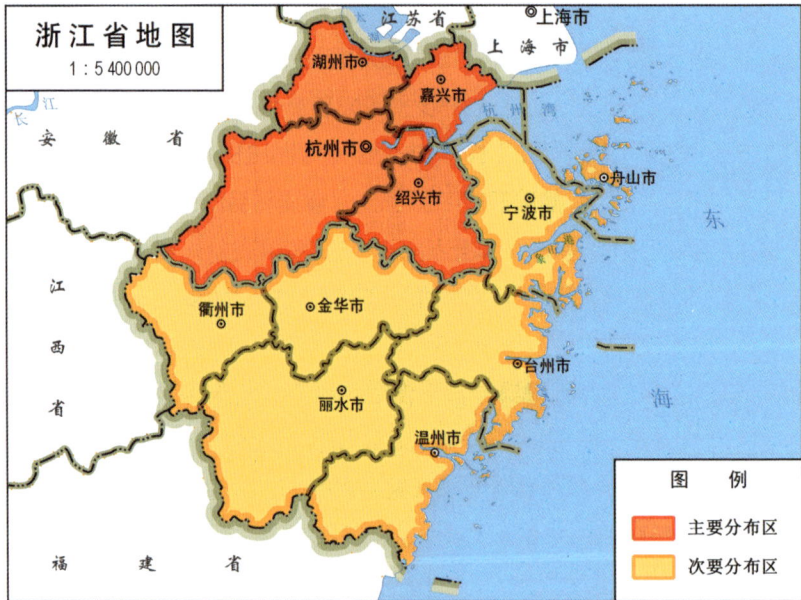

审图号：浙S（2016）161号

浙派传统园林分布区划图

（2）浙派新园林。

浙派新园林是指浙江地域范围内自鸦片战争开始直至目前的近现代园林的统称，特指新中国成立之后，尤其是改革开放以来的当代园林，主要包括公园绿地、城市广场、附属绿地、风景名胜区等多种类型。

浙派当代园林的特点表现在：理念超前，主题突出，意境深远，构图精美；以植物造景为主，地形塑造蜿蜒起伏，过渡自然和谐，空间变化丰富多样；空间布局因地制宜，有开有合，退距合宜；植物配置疏密有致，层次结构立体复合，乔灌花草有机结合，色彩搭配丰富多样，季相景观四季优美，树木种植适地适树，注重群团状分布，严格按照景观、生态、功能的要求布局；景观建筑和小品造型优美，内涵丰富，体量适宜，风格式样与主题协调；园路布局以人为本，式样丰富，线体流畅，拼花精美，勾缝匀称，做工精细；水景、假山、景石、置石、灯具、观景平台、活动场所等各得其所，位置大小合宜，功能完备，雅俗共赏，性价比高，整体效果好。

浙派园林的研究机构

"浙江省浙派园林文旅研究中心"是国内浙派园林领域唯一省级研究机构，隶属于浙江省文化和旅游厅，紧密依托浙江省文化艺术研究院、浙江理工大学建筑工程学院，汇集了文化、园林、旅游等领域的知名专家、学者，形成实力雄厚的研究团体和技术平台。

中心开创性建立"浙派园林学"学术体系，主要开展浙派园林相关的文化与旅游战略、政策、理论、技艺、产业等的全面、深入研究和创新性技术的转化落地，立足浙江、面向全国，致力于浙派园林乃至中国园林文化与旅游事业的传承、发展、创新、推广，肩负"传承发展中国园林文化，开拓创新浙派园林事业"的重任。

中心以"研究学术、传承文化、服务社会"为宗旨，通过建立"政、产、学、研"相结合的开放性协同创新平台，打造"科技研究—应用开发—宣传推广"三位一体的发展格局，力争建设成为国内一流的园林文化与全域旅游研究的学术中心、交流平台、人才基地与社会智库，为"建设美丽中国、创造美好生活"提供科学依据和智力支持。

中心重点围绕浙派园林与现代风景园林规划理论与实践、人居生态环境理论与实践、风景资源评价与利用等方面开展深入研究，同时开展国家公园、风景名胜区、城市绿地系统、城乡各类园林绿地、湿地公园、旅游景区、海绵城市、特色小镇、美丽乡村、农业园区等方面的规划设计与宣传推广，最大限度发挥风景园林的综合功能，为人们创造一个生态健全、环境优美和卫生舒适的宜居环境。

传承发展中国园林文化·开拓创新浙派园林事业

陈波博士的这本新作及时地填补了园林历史普及读物领域的空白。在美好生活的新时代，为追求雅致生活的人们提供了美学意义上的精神大餐！

——同济大学建筑与城市规划学院
建成环境技术中心教授、博导　周向频

园林是有趣的，无论是劳苦百姓家种的一颗小草，还是富贵人家的亭台楼阁，无不渗透出人们对美好生活的向往，对生命和自然的理解。历史又是严肃的，它客观地反映出事物的发展规律。陈波博士拥有一个有趣的灵魂，把中国古典园林这一学术性很强的话题，用诙谐有趣的语言，展现在您的面前。《挺有意思的中国古典园林史》一定会打开一扇门，让青少年走进园林，走进美好，走进美丽中国。

——浙江省农业科学院研究员　赖齐贤

读书犹如品茶，茶益达之芬芳，烟雨楼台袅袅，意境无限悠长，总令人回味无穷。初读与复读，每每品出不同的韵味。一段段历史、一座座园林、一个个故事，看似平淡闲聊，却蕴含着三千多年中国园林文化的发展脉络，让我们真正地了解我国的文化之博大精深。

——书法家　一庐居主人

中国的园林是有生命的，她融入在人们的工作、生活、学习中，代代发展、代代更新，不断在自己特有的文化氛围中传承与创新，本书以一种特别的视角回顾中国古典园林的发展史，值得一看！

——中国花卉协会绿化观赏苗木分会副秘书长、
中国园林网总经理　陈勇

阅读本书，不知不觉就被内容所深深吸引，因为里面深藏着中国园林三千年孕育而成的独特品格与匠心，就像进入了梦想中的桃花源，令人流连忘返。

——浙江理工大学风景园林系教授　卢山

大多历史类书籍，往往感情色彩不足；而这本书，把历史写得非常有趣，一边品读历史故事，一边收获园林知识，值得追求美好生活的朋友们看看。

——浙江之声主持人　洪放

本书兼具了学术性、知识性、艺术性、实用性和趣味性，文情并茂，饶有特色，是一本满足各类需求读者阅读的案头书籍。

——"有美在斯"公众号创始人、自由撰稿人　季洪亮